Biblioteca
Walter Riso

Enamórate de ti

El valor imprescindible de la autoestima
(Aprendiendo a quererse a sí mismo)

WALTER RISO

Enamórate de ti

El valor imprescindible de la autoestima
(Aprendiendo a quererse a sí mismo)

OCEANO

Diseño de portada: Leonel Sagahón / Jazbeck Gámez

ENAMÓRATE DE TI
El valor imprescindible de la autoestima
(Aprendiendo a quererse a sí mismo)

© 1990, 2012, Walter Riso
c/o Guillermo Schavelzon & Asociados Agencia Literaria
www.schavelzon.com

D. R. © Editorial Océano de México, S.A. de C.V.
Blvd. Manuel Ávila Camacho 76, 10° piso
Col. Lomas de Chapultepec
Miguel Hidalgo, C.P. 11000, México, D.F.
Tel. (55) 9178 5100 • info@oceano.com.mx

Para su comercialización exclusiva en México, países de Centroamérica
y del Caribe, Estados Unidos y Puerto Rico.

Primera edición en Océano: 2012

ISBN: 978-607-400-737-4

Impreso en México / Printed in Mexico

Para Fernando y Dora,
mis padres.

En un polo de mi existencia formo una sola cosa con las piedras y los árboles. Allí tengo que reconocer el dominio de la ley universal. Allí es donde nacen los cimientos de mi existencia. Su fuerza está en que se halla firmemente sujeta en el abrazo del mundo comprensivo y en la plenitud de la comunión con todas las cosas.

Pero por el otro polo de mi ser estoy separado de todo. Allí yo soy absolutamente único, yo soy yo, yo soy incomparable. Todo el peso del universo no puede aplastar esta individualidad mía. Yo la mantengo a pesar de la tremenda gravedad de las cosas. Es pequeña en apariencia pero grande en realidad; se mantiene firme ante las fuerzas que quisieran robarle aquello que la caracteriza y hacerla una con el polvo.

RABINDRANATH TAGORE

Índice

Introducción

El amor a uno mismo es un dique de contención contra el sufrimiento mental. Amarse a uno mismo no solamente es el punto de referencia para saber cuánto se debe amar a los demás ("Ama a tu prójimo como a ti mismo"), sino que parece actuar como un factor de protección para las enfermedades psicológicas y un elemento que genera bienestar y calidad de vida.

Activar toda la autoestima disponible o amar lo esencial de uno mismo es el primer paso hacia cualquier tipo de crecimiento psicológico y mejoramiento personal. Y no me refiero al lado oscuro de la autoestima, al narcisismo y a la fascinación del ego, a sentirse único, especial y por encima de los demás; no hablo de "enamoramiento" ciego y desenfrenado por el "yo" (egolatría), sino de la capacidad genuina de reconocer, sin vergüenza ni temor, las fortalezas y virtudes que poseemos, integrarlas al desarrollo de nuestra vida y volcarlas hacia los demás de manera efectiva y compasiva. Quererse a uno mismo, despreciando o ignorando a los demás, es presunción y exclusión; querer a los demás, despreciándose uno mismo, es carencia de amor propio.

"Enamórate de ti" significa: "Quiérete y ámate a ti mismo honestamente". Perseverar en el ser (*conatus*), como decía Baruch Spinoza, para defender la existencia individual y sacar a relucir lo mejor de cada quien. Quererse a uno mismo también es propiciar la autoconservación sana, tal como promovían los estoicos, y procurarse el mayor placer y salud posible, como lo estipulaba Epicuro. Quererse a uno mismo es considerarse digno de lo mejor, fortalecer el autorrespeto y darse la oportunidad de ser feliz por el solo hecho, y sin más razón, de estar vivo.

El amor empieza por casa. Tu primer amor es el que se dirige a ti mismo, y en ese primer idilio aprenderás a amar la existencia o a odiarla. ¿Cómo abrirle las puertas al amor de los que te rodean si desprecias o no aceptas tu ser, o si te avergüenzas de existir? Un paciente destruido por la depresión me decía: "Lo siento, pero... Me avergüenza estar vivo". ¿Habrá mayor decadencia del ser? Así como no atacas ni te desentiendes de quienes amas, no hagas lo mismo con tu persona. Ser amigo de uno mismo es el primer paso hacia una buena autoestima. Amar es buscar el bien del otro y disfrutarlo, que su dolor nos duela y su alegría nos alegre, y con el amor propio ocurre algo similar: si no te perdonas, si te fastidia estar contigo mismo, si no te soportas y te menosprecias, ¡pues no te amas! A veces me preguntan si es posible odiarse a uno mismo, y mi respuesta es categórica: "Por supuesto, ¡y con qué intensidad!". Incluso hasta el extremo de querer desaparecer de la faz de la tierra y obrar en consecuencia.

Muchas veces nos regodeamos en el dolor autoinfligido. Cuentan que una señora iba en un tren y, a las tres de la mañana, mientras la mayoría dormía, comenzó a quejarse en voz alta: "¡Qué sed tengo, Dios mío! ¡Qué sed tengo, Dios mío!". Una y otra vez. Su insistencia despertó a varios de los pasajeros, y el que estaba a su lado fue a buscar dos vasos de agua y se los trajo: "Tome, señora, calme su sed y así dormimos todos". La señora se los bebió rápidamente y la gente se acomodó para retomar su descanso. Todo parecía que había vuelto a la normalidad, hasta que a los pocos minutos se escuchó nuevamente a la señora decir: "¡Qué sed *tenía*, Dios mío! ¡Qué sed *tenía*, Dios mío!". Incorporamos el castigo psicológico a nuestras vidas desde pequeños sin darnos cuenta y como si fuera una faceta normal y hasta deseable; en suma, nos acoplamos a él. Nos regodeamos en el sufrimiento o le ponemos velas. A veces nos comportamos como si el autocastigo fuera una virtud porque "templa el alma", y aunque sea cierto que es importante el esfuerzo por alcanzar las metas personales, una cosa es la autocrítica constructiva y otra la autocrítica despiadada que nos golpea y nos hunde. Una cosa es aceptar el sufrimiento útil y necesario, y otra muy distinta acostumbrarnos al dolor que masoquistamente nos propiciamos a nosotros mismos en aras de "limpiar culpas" o "tratar de ser dignos" para que alguien nos ame.

Los hallazgos realizados en el campo de la psicología cognitiva en los últimos veinte años muestran claramente que la visión negativa que se tiene de uno mismo es un factor determinante para que aparezcan trastornos psicológicos como fobias, depresión, estrés, ansiedad, inseguridad interpersonal, alteraciones psicosomáticas, problemas de pareja, bajo rendimiento académico y laboral, abuso de sustancias, problemas de imagen corporal, incapacidad de regular las emociones y muchos más. La conclusión de los especialistas es clara: si la autoestima no posee suficiente fuerza, viviremos mal, seremos infelices y ansiosos.

El presente libro va dirigido a aquellas personas que no se aman lo suficiente a sí mismas, que viven encapsuladas, amarradas a normas irracionales y desconsideradas con ellas mismas. También va dirigido a quienes sabían amarse a sí mismos en alguna época y se han olvidado de hacerlo por los rigores de la vida o las carreras desenfrenadas por la supervivencia, donde uno se pone en segundo plano, como si fuera material desechable. La propuesta de estas páginas es simple y compleja a la vez: "Enamórate de ti; sé valiente; comienza el romance contigo mismo, en un 'yo sostenido', que te haga cada día más feliz y más resistente a los embates de la vida cotidiana".

ENAMORARSE DE UNO MISMO

Quererse a uno mismo es quizás el hecho más importante que garantiza nuestra supervivencia en un mundo complejo y cada vez más difícil de sobrellevar. Aun así, y curiosamente, gran parte del aprendizaje social se orienta a sancionar o subestimar el valor del amor propio, posiblemente para evitar caer en las garras del engreimiento. Si decides felicitarte dándote un beso, es probable que las personas que te rodean (incluso el psicólogo en turno) evalúen tu conducta como ridícula, narcisista o pedante. Está mal visto que nos demos demasiado gusto o que nos mostremos muy alegres de ser como somos (una persona muy feliz consigo misma y con el mundo puede fácilmente ser diagnosticada como hipomaniaca por algunas reconocidas clasificaciones psiquiátricas). Cuando nos ocupamos de nosotros mismos por demasiado tiempo, nos mimamos o nos autoelogiamos, llegan las advertencias: "¡Cuidado con el exceso de autoestima!" u "¡Ojo con el orgullo!". Y en parte resulta entendible, si vemos los estragos que puede realizar un ego inflado y sobredimensionado. Sin embargo, una cosa es serególatra (endiosado de sí mismo), egoísta (avaricioso e incapaz de amar al prójimo) o egocéntrico (incompetente para reconocer puntos de vista distintos), y otra muy distinta ser capaz de aceptarse a sí mismo de manera honesta y genuina sin hacer alharaca ni despliegues publicitarios. La humildad es ser consciente de la propia insuficiencia, pero de ninguna manera implica ser ignorante de la valía personal.

La consigna: "Quiérete, pero no en exceso", es decir, desproporcionada o irracionalmente (para no quedar embelesado y atrapado por la propia imagen reflejada), es un buen consejo, ya que nos pone en alerta contra el lado oscuro de la autoestima. No obstante, es mejor no exagerar y tener presente que en determinadas situaciones, cuando nuestro amor propio es vapuleado o atacado, querernos a nosotros mismos sin tanto recato ni miedos irracionales puede sacarnos a flote y ayudarnos a andar con la cabeza en alto.

La política de ocultar y/o minimizar el autorreconocimiento, y de disimular las fortalezas que poseemos, produce más daño que beneficios. La sugerencia de no quererse a uno mismo "más de lo necesario" puede transformarse en un autoamor resfriado y enclenque. Es verdad que no hace falta gritar a todo pulmón lo maravillosos que somos ni publicarlo en primera página, pero reprimirlo, negarlo o contradecirlo termina por herirnos emocionalmente. Al intentar dejar fuera el egoísmo salvaje, a veces no dejamos entrar el amor propio; por evitar la pedantería insufrible del sabelotodo, algunos caen en la vergüenza de ser lo que son; por no despilfarrar, somos mezquinos. Si me siento mal por ejercer mis derechos personales o simplemente los ignoro o pienso que no los merezco, quizá me falte autorrespeto.

A medida que vamos creciendo, una curiosa forma de insensibilidad hacia nosotros mismos va adquiriendo forma y nos lleva a dejar atrás aquellas gloriosas épocas de la niñez cuando el mundo parecía girar a nuestro alrededor y saltábamos felices de juego en juego. En aquellos momentos, todo era gratificante y fantasioso. El "yo", por momentos, parecía bastarse a sí mismo autogratificándose y construyendo universos infinitos a su antojo (está claro que la tendencia natural de un niño no es el autocastigo, sino pasarla lo mejor posible y de paso sobrevivir). Pero las cosas buenas no duran tanto, y al crecer hacemos a un lado ese delicioso mundo "yoico" (ya que ninguna sociedad sobreviviría a tal egocentrismo) y nos orientamos más "hacia fuera" que hacia dentro: nos "descentramos", por decirlo así, y aceptamos a regañadientes que amar al prójimo es más importante, valioso y encomiable que amarse a uno mismo.

Las conclusiones psicológicas actuales sobre el tema de la autoestima son un llamado de alerta que vale la pena tener en cuenta: no educamos a nuestros hijos para que se quieran a sí mismos, al menos de manera sistemática y organizada como en otros aprendizajes. Desde pequeños nos enseñan conductas de autocuidado personal respecto a nuestro físico: lavarnos los dientes, bañarnos, arreglarnos las uñas, comer, controlar esfínteres, vestirnos y cosas por el estilo. Pero ¿qué hay del *autocuidado psicológico* y la higiene mental? ¿Les prestamos la suficiente atención? ¿Los ponemos en práctica? ¿Resaltamos la importancia del autoamor?

Los cuatro fundamentos de la autoestima

La imagen que tienes de ti mismo no es heredada o genéticamente determinada, *es aprendida*. El cerebro humano cuenta con un sistema de procesamiento de la información que permite almacenar un número prácticamente infinito de datos. Esa información, que hemos almacenado en la experiencia social a lo largo de nuestra vida, se guarda en la memoria de largo plazo en forma de creencias y teorías. De esta manera poseemos modelos internos de objetos, significados de palabras, situaciones, tipos de personas, actividades sociales y muchas cosas más. Este conocimiento del mundo, equivocado o no, nos permite predecir, anticipar y prepararnos para enfrentar lo que vaya a suceder. El futuro está almacenado en el pasado.

La principal fuente para crear la visión del mundo que asumes y por la que te guías surge del contacto con personas (amigos, padres, maestros) de tu universo material y social inmediato. Y las relaciones que estableces con el mundo circundante desarrollan en ti una idea de cómo crees que eres. Los fracasos y éxitos, los miedos e inseguridades, las sensaciones físicas, los placeres y disgustos, la manera de enfrentar los problemas, lo que te dicen y lo que no te dicen, los castigos y los premios, el amor y el rechazo percibidos, todo confluye y se organiza en una imagen interna sobre tu propia persona: tu *yo* o tu *autoesquema*. Puedes pensar que eres bello, eficiente, interesante, inteligente y bueno, o todo lo contrario (feo, ineficiente, aburrido, bruto y malo). Cada uno de estos calificativos es resultado de una historia previa, en la que has ido gestando una "teoría" sobre ti mismo que dirigirá tu comportamiento futuro. Si crees que eres un perdedor, no intentarás ganar. Te dirás: "¿Para qué intentarlo? Yo no puedo ganar" o "Esto no es para mí" o "No valgo nada".

Los humanos mostramos la tendencia conservadora a confirmar, más que a refutar las creencias que almacenamos en nuestro cerebro por años. Somos resistentes al cambio por naturaleza, y esta economía del pensamiento nos vuelve tozudos y poco permeables a los estímulos novedosos. Una vez establecida será difícil cambiarla, pero no imposible. Así que cuando configuras un autoesquema negativo sobre tu persona, te acompañará por el resto de tu vida si no te esfuerzas en modificarlo. Más aún: para comprobar esos esquemas de manera no consciente harás muchas cosas aun perjudiciales para ti (así de absurdos somos los humanos). Por ejemplo: si te dejas llevar por el autoesquema: "Soy un inútil", sin darte cuenta, el miedo a equivocarte hará que cometas infinidad de errores que confirmarán tu predicción mental subyacente. La creencia de que eres feo o fea te llevará a frenarte y a evitar las relaciones interpersonales, y la conquista afectivo-sexual se convertirá en algo inalcanzable (pues nadie se fijará en ti si no te expones). Un autoesquema de fracaso hará que no te atrevas a encarar retos y a probarte si eres capaz, por lo cual terminarás creyendo que el éxito te es esquivo. No existe ningún "secreto" misterioso ni cuántico en esto: en psicología cognitiva se le conoce como *profecía autorrealizada*, y en psicología social como "efecto Pigmaleón". Existe una coherencia negativa: aun a sabiendas de que no es bueno para ti, tratarás de actuar de manera compatible con las creencias que tienes sobre ti mismo ¿El cambio? Ocurrirá cuando la realidad se imponga sobre tus creencias y ya no puedas sesgar la información y autoengañarte.

Una buena autoestima (quererse contundentemente a uno mismo) tiene numerosas ventajas. Sólo para citar algunas, te permitirá:

- *Incrementar las emociones positivas*. Te alejarás de la ansiedad, la tristeza y la depresión, y te acercarás a la alegría y a las ganas de vivir mejor.
- *Alcanzar niveles de mayor eficiencia en las tareas que emprendes*. No te darás por vencido muy fácilmente, perseverarás en las metas y te sentirás competente y capaz.
- *Relacionarte mejor con las personas*. Te quitarás de encima el incómodo miedo al ridículo y la necesidad de aprobación, porque tú serás el principal juez de tu conducta. No es que no te interesen los demás, sino que no estarás pendiente de los aplausos y los refuerzos externos, y tomarás las críticas más objetivamente.
- *Amar a tu pareja y querer a tus amigos y amigas más tranquilamente*. Dependerás menos y establecerás un vínculo más equilibrado e inteligente, sin el terrible miedo de perder a los otros.

- *Ser una persona más independiente y autónoma.* Te sentirás más libre y segura a la hora de tomar decisiones y guiar tu vida.

Señalaré los cuatro aspectos que a mi modo de ver son los más importantes a la hora de configurar la autoestima general, y aunque en la práctica están entremezclados, para fines didácticos intentaré separarlos conceptualmente para analizarlos mejor. Ellos son:

- *autoconcepto* (qué piensas de ti mismo),
- *autoimagen* (cuánto te agradas),
- *autorreforzamiento* (cuánto te premias y te das gusto) y
- *autoeficacia* (cuánta confianza tienes en ti mismo).

Bien estructurados, son los cuatro soportes de un "yo" sólido y saludable; si funcionan mal, son como los cuatro jinetes del Apocalipsis. Fallar en alguno de ellos será suficiente para que tu autoestima se muestre coja e inestable. Más aún: si uno solo de los jinetes se desboca, los tres restantes lo seguirán como una pequeña manada fuera de control.

Un amor propio saludable y bien constituido partirá de un principio fundamental: "Merezco todo aquello que me haga crecer como persona y ser feliz". *Me-rez-co*: pronunciado y degustado. Activación del autorreconocimiento y el bienestar que lo acompaña. No importa lo que pienses: no mereces sufrir, así que mientras puedas evitar el sufrimiento inútil e innecesario, te estarás respetado a ti mismo. No hay felicidad completa sin autorrespeto, sin mantenerte fiel a tu propio ser y al potencial que llevas dentro.

En cada uno de los capítulos siguientes veremos en detalle cada uno de los cuatro fundamentos de la autoestima y cómo mejorarlos o mantenerlos fortalecidos.

HACIA UN BUEN AUTOCONCEPTO

Ten el valor de equivocarte.

Georg W. F. Hegel

La mayoría de nosotros anda con un garrote invisible y especialmente doloroso con el que nos golpeamos cada vez que equivocamos el rumbo o no alcanzamos las metas personales. Los que no se quieren a sí mismos han aprendido a echarse la culpa por casi todo lo que hacen mal y a dudar del propio esfuerzo cuando hacen las cosas bien, como si tuvieran los cables cruzados. Si fracasan, dicen: "Dependió de mí", y si logran ser exitosos en alguna cuestión, afirman: "Fue pura suerte". Hay una subcultura del autosabotaje que ejerce sus influencias negativas y nos lleva a hacernos responsables más de lo malo que de lo bueno. No hay que ser tan duro con uno mismo.

El autoconcepto se refiere a *lo que piensas de ti*, al concepto que tienes de tu persona, así como podrías tenerlo de alguien más, y, como es lógico, tal concepción se verá reflejada en la manera en que te tratas a ti mismo: qué te dices, qué te exiges y cómo lo haces. Puedes autorreforzarte y mimarte o insultarte y no ver nada bueno en tu comportamiento, o también puedes ponerte metas inalcanzables y lacerarte luego por no alcanzarlas, como lo hace mucha gente, así parezca lo más irracional del mundo. Somos víctimas de nuestra propias decisiones: cada quien elige amarse a sí mismo o no, aunque no siempre somos conscientes del daño que nos hacemos. Además de sobrevivir al medio y a la lucha diaria, también hay que aprender a sobrevivir a uno mismo: el enemigo no siempre está fuera.

La mala autocrítica

La autocrítica es conveniente y productiva si se hace con cuidado y con el objetivo de aprender y crecer. A corto plazo puede servir para generar nuevas conductas y enmendar los errores, pero si se utiliza indiscriminada y cruelmente, genera estrés y afecta de manera negativa el autoconcepto. Si la usas inadecuadamente, terminarás pensando mal de ti mismo, hagas lo que hagas. He conocido gente que "no se cae bien a sí misma", no se acepta y se rechaza de manera visceral: "Me gustaría ser más alto, más linda o lindo, más inteligente, más sensual, más eficiente..."; y la lista puede ser interminable. Se comparan todo el tiempo con quienes son mejores o los superan en algún sentido. Los escucharás decir con frecuencia: "¡No me aguanto a mí mismo!" o "¡Soy un desastre!". La expresión: "Más vale solo que mal acompañado" la reemplazan por: "Más vale mal acompañado que solo". Cuando le sugerí a una jovencita que se observara a sí misma para conocerse mejor, entró en pánico: "¡Sola conmigo misma! ¡Pero si no me aguanto un minuto! ¡Soy la persona más aburrida y poco interesante del planeta!". La sugerencia de acercarse a la soledad le producía verdadero terror porque no quería saber nada de estar cara a cara con su propio ser.

El mal hábito de estar haciendo permanentemente revisiones interiores, duras y crudas incrementa la insatisfacción con uno mismo y los sentimientos de inseguridad. Nadie aprende con métodos basados en la punición o el castigo. Recuerdo que cuando era niño asistí a un colegio cuya pedagogía se basaba en métodos de enseñanza supremamente punitivos. Nos trataban como malhechores en potencia a quienes había que encauzar y "educar a cualquier precio". Si no sabías la lección o no habías hecho las tareas correctamente, te sentaban en un rincón del salón mirando la pared y te ponían un bonete en la cabeza y unas orejas de burro (no estoy exagerando un ápice). La crueldad era exponencial: no sólo te exhibían frente a tus compañeros como el mayor de los incapaces, sino que literalmente te exiliaban del resto. Recuerdo que en más de una ocasión me pasé horas mirando el muro y contando hormigas. Si hablabas en clase o hacías algo que se saliera del reglamento, la "pedagogía correctiva" consistía en hacerte poner las manos hacia arriba para que el profesor te diera unos reglazos en las palmas (insisto: esto ocurría delante de todos los alumnos como una forma de "escarmiento público"). Los golpes dolían mucho, y aunque no eran latigazos, se parecían. De más está decir que estos procedimientos humillantes eran permitidos por los respectivos directores de los colegios y el Ministerio de Educación de aquel entonces.

Me viene a la memoria un paciente que no hacía más que autocastigarse. Se insultaba unas cincuenta veces al día en voz baja, se prohibía la mayoría de los disfrutes como si fuera un faquir y tenía tantas reglas y requisitos para vivir que le era imposible sentirse bien. Estaba tan limitado y confundido que ya no sabía en verdad quién era. Él decía que se sentía como una fotocopia de sí mismo. Y no es exageración: a muchas personas les ocurre que cuando se pierden en los "debería" y las obligaciones autoimpuestas ya no recuerdan cómo eran en realidad. Las máscaras psicológicas no sólo agotan sino que te despersonalizan. El hombre, que apenas tenía treinta y cinco años, era incapaz de tomar decisiones por sí mismo y pedía permiso hasta para respirar. Mi paciente había crecido con la idea de que si no seguía estrictamente las pautas con las que lo habían educado, dejaría de ser una buena persona. Demasiada carga para cualquiera, y por eso cabe la pregunta: ¿cómo hizo para sobrevivir a semejante asfixia normativa? Para sobrellevar la represión autoimpuesta desarrolló tres métodos: autocontrol excesivo, autoobservación obsesiva y autocrítica despiadada. Tres garrotes mortales. Castigarse a sí mismo lo hacía sentir bueno, correcto y "salvado". Cuando pidió ayuda profesional e hizo su propia revolución "psicológico-moral", llegó a la sana conclusión de que no merecía maltratarse. Empezó a permitirse algunos deslices simpáticos, como: comerse un helado triple con chocolate y crema batida sin pensar en la gula; vestirse bien, sin sentirse vanidoso o culpable, y mirar a una chica por la calle sin sentirse especialmente lujurioso.

El castigo sistemático, en cualquiera de sus formas, lo único que te enseñará es a huir de los depredadores y castigadores en turno; huir y nada más. No resolverás el problema de fondo, no lo enfrentarás. Pero cuando hablamos de autocastigo el problema es que el verdugo seas tú mismo, y entonces lo llevarás a cuestas como una desventura: defenderte será tan fácil como escapar de tu propia sombra. Infinidad de gente posee un sistema de autoevaluación que los hace sufrir día y noche, momento a momento, e inexplicablemente se sienten orgullosos del martirio que se propician a sí mismos.

La autorrotulación: ¿"Soy" o "Me comporté"?

Una variación de la autocrítica dañina es la *autorrotulación negativa*: colgarte a ti mismo carteles que no hablan bien de ti o dejar (y aceptar) que te los cuelguen los otros para ubicarte en alguna categoría que te hace daño. Las clasificaciones sociales (estereotipos) tienden a referirse a los demás en términos globales y no específicos, sin tener en cuenta las excepciones o los atenuantes. Lo mismo pasa cuando te rotulas negativamente a ti mismo: confundirás la parte con el todo. En vez de decir: *"Me comporté* torpemente", dirás: "*Soy* torpe". O: "*Soy* un inútil", en vez de decir: "*Me equivoqué* en esto o aquello". No es lo mismo afirmar: "*Estoy comiendo* mal", a: "*Soy* un cerdo". El ataque a mansalva y tajante al propio "yo", a lo que eres, crea desajustes y alteraciones de todo tipo. Por el contrario, la *autocrítica constructiva* es puntual y nunca toca el fondo del ser como totalidad. Si le dijeras a la persona que amas: "¡Te equivocaste, eres una idiota!", ¿cómo se sentiría? ¿Cómo reaccionaría? Le harías daño, ¿verdad? Pues de igual manera: atacar tu valoración personal, golpear tu valía, te afecta psicológicamente mucho más de lo que piensas.

La autoexigencia despiadada

Otras personas muestran la tendencia a utilizar estándares internos inalcanzables para evaluarse a sí mismas. Es decir: metas y criterios desproporcionados sobre hacia dónde debe dirigirse el comportamiento. Si la autoexigencia es racional y bien calculada, te ayuda a progresar psicológicamente, pero si no se calibra bien, puede afectar seriamente tu salud mental. Los dos extremos son malos. Nadie niega que en ocasiones necesitamos una autoexigencia moderada o elevada para ser competentes (por ejemplo: el encargado de manejar material radiactivo en una planta nuclear no puede hacerlo "despreocupadamente", como tampoco un cirujano a la hora de operar a su paciente); no obstante, el desajuste se produce cuando estos niveles de exigencia se hacen imposibles de alcanzar. Por ejemplo: la idea de que *debo* destacar en casi todo lo que hago, la de que *debo* ser el mejor a toda costa y que *no debo* equivocarme, son imperativos que llegan a convertirse en un verdadero martirio. Si ubicas la felicidad o la autorrealización exclusivamente en la obtención de resultados, muy pronto descubrirás la paradoja de que para "sentirte bien" deberás "sentirte mal". El bienestar dependerá de tantas cosas ajenas a tu persona que te será imposible hacerte cargo de tus logros personales. La escritora Margaret Lee Runbeck dijo alguna vez: "La felicidad no es una estación a la cual hay que llegar, sino una manera de viajar". Ésa es la salud mental: viajar bien.

Aquellos que se obsesionan con el éxito y lo convierten en un valor, y además manejan esquemas rígidos de ejecución, viajan mal aunque quieran aparentar lo contrario. Quizá la felicidad no esté en ser el mejor vendedor, la mejor mamá, el mejor hijo o descollar en cualquier cosa, sino simplemente en *intentarlo* de manera honesta y tranquila, y disfrutarlo mientras se lleva a cabo. Quedarte con el paisaje, mientras vas hacia donde quieras ir. ¿Nunca has hecho un viaje con alguien que pregunta todo el tiempo cuánto falta para llegar, mientras ignora las cosas más bellas que pasan a su lado?

La concentración en el proceso es determinante para obtener un buen producto. Esta aparente contradicción (la de despreocuparse del resultado para alcanzarlo) no es tal, y queda bien escenificada en la enseñanza zen sobre el arco y la flecha. Si el arquero se concentra en sus movimientos, en la respiración, en el equilibro, sin estar pendiente de acertar, dará en el blanco con sólo apuntar. Pero si dar en el centro y obtener el máximo puntaje se convierte en una cuestión determinante (obsesiva), la ansiedad bloqueará la fluidez de sus acciones y lo hará fracasar en el intento. Si posees criterios estrictos para autoevaluarte, siempre tendrás la sensación de insuficiencia, de no dar en el blanco. Tu organismo comenzará a segregar más adrenalina de lo normal y la tensión mental y física interferirá con el buen rendimiento para alcanzar las metas: entrarás al círculo vicioso de los que aspiran cada día más y tienen cada día menos.

Esta secuencia autodestructiva puede verse mejor en el siguiente esquema:

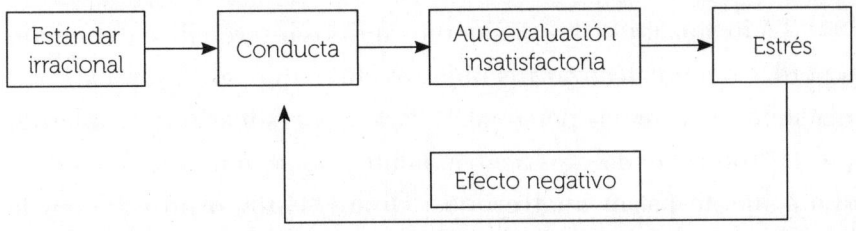

Las metas imposibles harán que tu conducta nunca llegue al nivel deseado, pese a tus esfuerzos; y al sentirte incapaz, tu autoevaluación será cada vez más negativa y mayor también el estrés, lo que te alejará cada vez más de tus objetivos. ¿Habrá mayor desatino?

Las personas que quedan atrapadas en esta trampa se deprimen, pierden el control sobre su propia conducta e indefectiblemente se equivocan. ¡Precisamente lo que querían evitar! La premisa es como sigue: *cuanto más hagas del "ganar" un valor, paradójicamente, más destinado estarás a perder*.

Todo o nada

Los individuos muy autoexigentes utilizan un estilo dicotómico en su manera de procesar la información. Para ellos, la vida es en blanco y negro, sin tener en cuenta los matices: "Soy exitoso o soy fracasado", "Soy capaz o incapaz", "Soy inteligente o bruto". Esta forma de pensar es errónea, porque no hay nada absoluto ni rigurosamente extremo. Si miramos el mundo de esta forma dejaremos de percibir los grises y los puntos medios. Cuando aplicas este estilo binario a la existencia, tu vocabulario se reducirá a palabras como: *nunca*, *siempre*, *todo* y *nada*. Chocarás con una realidad muy distinta de lo que imaginas.

La incapacidad de considerar caminos intermedios y el miedo a perder o a no alcanzar tus objetivos hará que ignores las aproximaciones a las metas personales. Para las personas que se mueven por el "todo o nada", los acercamientos no se ven ni se sienten, o simplemente pasan inadvertidos. Dirán: "Estoy o no estoy en la meta": verán el árbol, pero no el bosque.

Cambio y revisión

Cambiar no es tarea fácil. No sólo porque implica esfuerzo personal, sino por los costos sociales. Si alguien, valientemente, toma la difícil decisión de "viajar bien" y salirse de los patrones preestablecidos, la presión social será inexorable, en especial si las metas del individuo no coinciden con los valores del grupo de referencia. Por ejemplo, en determinadas subculturas, aquellos objetivos vocacionales que se distancian de la producción económica son vistos como sinónimos de vagancia o idealismo ingenuo. Una señora me decía en una consulta: "Quiero que evalúe a mi hijo… Algo raro le está pasando, ¡quiere estudiar música en vez de ingeniería!". Cuando cambiamos la ruta convencional por una más atrevida y ensayamos caminos nuevos, la gente rígida y pegada a las normas nos rotulará de inmaduros o "inestables", como si no cambiar de rumbo fuera sinónimo de inteligencia. Una rápida mirada a las personas que han desempeñado un papel importante en la historia de la humanidad muestra que la existencia de cierta "inestabilidad" e insatisfacción con las condiciones de vida reinantes son condiciones imprescindibles para vivir intensamente. La conformidad radical o el aplomo absoluto son baluartes que no mueven el mundo. No temas revisar, cambiar o modificar tus metas, si ellas son fuente de sufrimiento. ¿De qué otro modo podrías acercarte a la felicidad?

Lo importante, entonces, no es sólo manejar niveles adecuados de autoexigencia (no dañinos), sino también ser capaz de revisar y modificar aquellos criterios que te asfixian e impiden ser como te gustaría ser. Para lograrlo no puedes ser demasiado "estable" o demasiado "estructurado"; necesitas una pizca de "no cordura" o de "locura motivacional", en el buen sentido. Las personas muy autocríticas y estrictas consigo mismas sufren mucho porque el mundo no se acopla a sus expectativas. Han puesto tantas condiciones y requisitos para transitar por la vida que se golpean contra las paredes de una normatividad irracional y los "debería" a cada paso. Otros, en cambio, recorren una verdadera autopista cómoda y tranquila: *ser flexible y revisarse a uno mismo es, sin lugar a dudas, una virtud de los individuos emocional y racionalmente inteligentes.*

Las personas que no se aceptan a sí mismas muestran una curiosa inversión en las reglas que determinan la supervivencia emocional: son demasiado "duras" con ellas mismas a la hora de criticar su rendimiento y muy "blandas" cuando evalúan a otra gente. Por el contrario, según los datos disponibles, los sujetos que muestran una buena autoestima tratan de mantener un balance justo a la ahora de autoevaluarse: no se destruyen ni destruyen a los demás. De ninguna manera estoy defendiendo el autoengaño sostenido; simplemente pienso que a veces es muy útil para la salud mental "hacer la vista gorda" frente a pequeños e insignificantes errores o defectos personales. Al "yo" hay que mimarlo. El contrasentido es evidente: las personas muy estrictas consigo mismas se colocan una camisa de fuerza para no desquiciarse, y el resultado suele ser el desajuste psicológico.

Para salvar el autoconcepto

Veamos una guía que puede servirte para salvaguardar tu autoconcepto del autocastigo, la autocrítica y la autoexigencia indiscriminada.

1. Trata de ser más flexible contigo mismo y con los demás

Intenta no utilizar un criterio dicotómico extremista para evaluar la
realidad o a ti mismo. No pienses en términos absolutistas, porque
no hay nada totalmente bueno o malo. Es mejor tener tolerancia a
que las cosas se salgan a veces del carril y no enloquecer por ello.
Yo sé que duele, pero el mundo no gira a tu alrededor ni todos tus
deseos son órdenes para el universo (el cosmos no es tan sumiso).
Aprende a soportar las discrepancias y a entender tu rigidez como
un defecto, no como una virtud: tener la última palabra o imponer
tu punto de vista no deja de ser una bravuconada. Las cosas rígidas son menos maleables, no soportan demasiado la variabilidad del
mundo que las contiene y se quiebran. Si eres normativo, perfeccionista e intolerante, no sabrás qué hacer con la vida, porque ella no es
así. El resultado será que la gran mayoría de los eventos cotidianos
te producirán estrés, ya que no son como a ti te gustaría que fueran.
Esta forma de estrés tiene un nombre: *baja tolerancia a la frustración*.

Haz el esfuerzo y concéntrate durante una semana o dos en los
matices. No te apresures a categorizar de manera terminante. Detente y piensa si realmente lo que dices es cierto. Revisa tu manera
de señalar y señalarte; no seas drástico. Busca a tu alrededor personas a las cuales ya tienes catalogadas y dedícate a cuestionar el cartel que les colgaste; busca evidencia en contra, descubre los puntos
medios y, cuando las reevalúes, evita utilizar las palabras *siempre*,

nunca, todo o *nada*. Tal como decía un reconocido psicólogo, no es lo mismo decir: "Robó una vez" que decir: "Es un ladrón". Las personas no sólo *son*, también *se comportan*. Ya es hora de que vuelvas añicos tu rigidez, porque la intransigencia genera odio y malestar. Estos indicadores pueden servirte a manera de resumen:

a) *Trata de no ser perfeccionista.* Desorganiza un poco tus horarios, tus ritos, tus recorridos, tu manera de disponer las cosas; hazlo como un juego, a ver qué pasa. Convive con el desorden una semana y piérdele el miedo. Descubrirás que todo sigue más o menos igual y que tanto ímpetu controlador era una pérdida de tiempo.

b) *No rotules ni te autorrotules.* Intenta ser benigno, especialmente contigo mismo. Habla sólo en términos de conductas cuando te refieras a alguien o a tu "yo".

c) *Concéntrate en los matices.* Piensa más en las opciones y en las excepciones a la regla. La vida está compuesta de tonalidades, más que de blancos y negros.

d) *Escucha a las personas que piensan distinto de ti.* Esto no implica que debas necesariamente cambiar de opinión, simplemente escucha. Deja entrar la información y luego decide.

Recuerda: si eres inflexible y rígido con el mundo y las personas, terminarás siéndolo contigo mismo. No te perdonarás la mínima falla; serás tu propio verdugo.

2. Revisa tus metas y las posibilidades reales para alcanzarlas

¡Por favor, no te coloques metas inalcanzables! Exígete a ti mismo de acuerdo con tus posibilidades y capacidades reales. Si te descubres intentando subir algún monte Everest y te estás angustiando, tienes dos opciones racionales: cambiar de montaña o disfrutar del paseo. Cuando definas alguna meta, también debes definir los escalones o las submetas. Intenta disfrutar, "paladear", subir cada peldaño, como si cada uno fuera un gran objetivo en sí mismo, independiente de la máxima cima. No esperes hasta llegar al final para descansar y sacarle gusto al trajín o a la lucha. Busca estaciones intermedias y piérdete un rato en ellas, en los recovecos y los caminos que no conducen a Roma. Escribe tus metas, revísalas, cuestiónalas y descarta aquellas que no sean vitales ni te lleguen desde dentro. La vida es muy corta para que la desperdicies en un devenir incierto o impuesto por ideales que no te nacen del alma o son impuestos desde fuera y ajenos a tu ser.

Recuerda: si tus metas son *inalcanzables*, vivirás frustrado y amargado. Nadie te soportará, ni tú mismo.

3. No observes en ti sólo lo malo

Si sólo te concentras en tus errores, no verás tus logros. Si sólo ves lo que te falta, no disfrutarás del momento, del aquí y el ahora. Rabindranath Tagore decía: "Si de noche lloras por el Sol, no verás las estrellas". Hay veces que el corazón sabe más o capta más información que nuestra ceñuda razón. No estés pendiente de tus fallas e intenta acomodar tu atención también hacia tus conductas adecuadas, las que te son productivas, aunque no sean perfectas. El método que te propongo es redirigir tu atención de una manera más benévola y equilibrada: cuando te encuentres focalizando negativamente tus "malas conductas o pensamientos" de manera exagerada: ¡detente! Toma un respiro y trata de inclinar la balanza. No te regodees en el sufrimiento.

4. No pienses mal de ti

Sé más benigno con tus acciones. Afortunadamente no eres perfecto ni eres tampoco tan horrible, aunque te empeñes en serlo. No te insultes ni te faltes al respeto. Lleva un registro sobre tus autoevaluaciones negativas, detecta cuáles son justas, moderadas y objetivas, y cuáles no; y si descubres que el léxico que usas para ti mismo es ofensivo, cámbialo y busca calificativos más constructivos y respetuosos respecto de tu persona. Reduce tus autoverbalizaciones (pensamientos sobre ti) a las que realmente valgan la pena y ejerce tu derecho a cometer errores. Los seres humanos, al igual que los animales, aprendemos por ensayo y error, aunque algunas personas crean que el aprendizaje humano debe ser por "ensayo y éxito" (esto es mentira y posiblemente producto de una mente narcisista). El costo de crecer como ser humano es equivocarse, meter la pata: concierne a una ley universal inescapable. Es imposible no desacertar de tanto en tanto, y por tal motivo no tienes más remedio que aceptarlo humildemente y sin pataletas. Lo que debes entender es que los errores no te hacen mejor ni peor, simplemente te curten, te muestran nuevas opciones y te traen de los cabellos a una verdad que no siempre es agradable: sólo te recuerdan que eres humano. Cuando hablemos de la autoeficacia volveremos sobre el miedo a equivocarnos; por ahora, sólo debes comprender un principio básico de la salud mental: si yerras, no te trates mal.

5. Quiérete la mayor cantidad de tiempo posible

Sería lo ideal. Un autoamor estable es preferible que uno fluctuante y que dependa de factores externos (autoestima estable y regulada por uno mismo). La premisa: "Si me va mal, me odio, y si me va bien, me quiero" es injusta contigo. ¿Harías lo mismo con un hijo o con una hija? No, ¿verdad? Los amarías a pesar de todo y por encima de todos. Los educarías, claro está, pero el afecto por ellos no cambiaría según sus resultados, no se modificaría un ápice. Si el amor que sientes por ti fluctúa demasiado o depende de tus hazañas y grandes logros, quizá no te quieras tanto. Vale la pena aclarar que aunque una autoestima bien constituida se mantiene en el tiempo y tiende a ser constante, esto no impide que en ocasiones sientas una escalada de "miniodios" pasajeros hacia tu persona por lo que hiciste o dejaste de hacer, e incluso puedes llegar a no soportarte por unas horas. Refunfuñarás, tendrás rabietas y discusiones de "yo" a "yo", pero tu valía personal, si realmente te amas a ti mismo (tu amor propio), nunca entrará en juego. Te perdonarás y volverá surgir el idilio con aires renovados. No obstante, si las oscilaciones entre el autoamor y el odio personal son reiteradas, hay que pedir ayuda profesional.

6. Trata de acercar tu "yo" ideal a tu "yo" real

Las metas imposibles, extremadamente rígidas, aumentan la distancia entre tu "yo" ideal (lo que te gustaría hacer o ser) y tu "yo" real (lo que realmente haces o eres). Cuanto mayor sea la distancia entre ambos, menor será la probabilidad de alcanzar tu objetivo, y más la frustración y los sentimientos de inseguridad. No te querrás a ti mismo, no aceptarás tranquilamente a quien eres en verdad, sino al "otro yo", al imaginario, a uno que no existe. Si has idealizado demasiado lo que deberías ser, lo que eres te producirá fastidio, y, de acuerdo con mi experiencia como terapeuta, el único material de trabajo útil con el que cuentas para tu mejoramiento es asumir quién eres, sin anestesia ni autoengaños. Quizá no te gusten muchas cosas de ti mismo, pero lo que interesa es tu materia prima, lo que muchas veces se te escapa y no alcanzas a observar por estar mirando el "yo" soñado que se desplaza por la nubes.

7. Aprende a perder

La autoexigencia exagerada se mide en función de las posibilidades de cada uno; es así de sencillo. Si no posees las habilidades o los recursos necesarios para lograr tus fines, la aspiración más simple se convertirá en una tortura. En estos casos, la revaluación objetiva y franca de tus aspiraciones en relación con tus capacidades es la solución: *hay que aprender a perder*. Existe una resignación sana cuando los hechos te embisten y puedes verlos objetivamente: persistir testarudamente en una meta suele convertirse en un problema. A veces hay que despertar de los sueños, porque no se harán realidad, y esto no te hace mejor ni peor, sino más realista y aterrizado. Deponer las armas y entender que la batalla ya no es tuya te hará más libre y feliz: un mejor combatiente de la vida.

Recapitulemos y aclaremos. La autocrítica moderada, la autoobservación objetiva, la autoevaluación constructiva y el tener metas racionales y razonables ayudan al desarrollo del potencial humano. No estoy censurando la autocrítica y la autoexigencia *per se* y en todas las circunstancias. Lo que sostengo es que por escapar de un extremo psicológicamente pernicioso (la pobreza de espíritu, la pereza, el fracaso, el sentirse "poco" y el no tener expectativas de crecimiento) a veces llevamos el péndulo hacia el otro extremo, igualmente dañino y nocivo. Eres una máquina especial dentro del universo conocido; no te maltrates ni te insultes. Para ser exitoso no necesitas del autocastigo.

HACIA UNA BUENA AUTOIMAGEN

Uno de los trucos de la vida consiste, más que en tener buenas cartas, en jugar bien las que uno tiene.

JOSH BILLINGS

En casi todas las épocas y culturas, la belleza física ha sido admirada como un don especial, y la fealdad como una maldición de la naturaleza o de los dioses. Debemos reconocer que mucha gente es especialmente cruel con aquellas personas que se salen de los estándares tradicionales de lo que se considera bello, hasta el extremo de rechazarlas. Basta observar la manera en que algunos niños se burlan de aquellos compañeros que tienen sobrepeso o son extremadamente flacos, de los que son bajitos de estatura o muy altos, y de los que poseen algún rasgo desproporcionado en general. Incluso las personas que desafortunadamente sufren malformaciones o deformidades físicas suelen ser víctimas de esta "burla" o ataque a la apariencia. Como sea, el aspecto que adopta la estructura molecular de nuestro cuerpo es fuente de atracción o repulsión (las convenciones sociales no perdonan). La premisa es claramente excluyente: "Éstos son los parámetros establecidos, y si no los cumples, quedarás fuera del club de los afortunados".

La cuestión que debe preocuparnos es que el juicio estético que la cultura ejerce sobre la apariencia física tiene enormes consecuencias para nuestro futuro. Tal como lo sustenta un número considerable de investigaciones, el éxito en diversas áreas de desempeño se ve afectado por nuestro grado de atractivo físico. Aunque sea injusto y no debería ser así, los datos muestran que los juicios hacia las personas hermosas son más benignos. Aun así, no hay un criterio universal de la belleza. El patrón ideal de lo que es hermoso se aprende mediante las experiencias personales y sociales en el entorno inmediato y debido a la idea que nos inculcan las convenciones sociales y los medios de comunicación.

El peso de la comparación

Como ya dije, el grupo de referencia más cercano y las relaciones que establecemos con las personas son determinantes para crear la idea que tengamos sobre nuestro cuerpo y las evaluaciones que hagamos de él (autoimagen). El cuento del patito feo no es una ficción. He conocido infinidad de familias que consideran la belleza física como un valor, y si algunos de los niños de su grupo no reúnen las características esperadas de lo que se considera "bello" simplemente no logran vincularse afectivamente a ellos. No pueden expulsarlo de la familia (la sangre es la sangre), pero tampoco lo integran totalmente al núcleo emocional/familiar como a los más guapos. Este "alejamiento estético" es sutil y está plagado de consolaciones compensatorias, como decir: "No es tan linda, pero tiene otras cosas buenas".

Mientras tanto, los niños observan, procesan y absorben las diferencias en el trato y los signos de admiración implícitos que surgen de las comparaciones mal disimuladas. Como si fuera poco, las familias "pro belleza" no sólo crean en el niño la *necesidad* de ser hermoso, sino que ponen la imagen corporal en lugares inalcanzables. En mi experiencia profesional he visto a personas que no se aceptaban a sí mismas por considerarse "feas" o "desagradables" sin serlo, porque no alcanzaban el ideal estético esperado por su grupo de referencia (padres, amigos o algún otro grupo social).

Una de mis pacientes mantenía la firme convicción de que no era atractiva, cuando en realidad era una mujer bella, además de interesante. Pese a los intentos de persuasión del grupo de terapia, su idea se mostraba inquebrantable: "Doctor —decía—, yo le agradezco sinceramente sus esfuerzos y entiendo además que usted jamás me diría que soy fea porque me deprimiría más". Para que ella pudiera someter a prueba su creencia irracional y la distorsión consecuente sobre su aspecto físico, se diseñó un experimento típico de medición de actitudes. La paciente se sentó en la cafetería de una concurrida universidad junto con dos mujeres atractivas elegidas por ella, que hacían las veces de factores de comparación. Se le pidió a un grupo de cien estudiantes, hombres y mujeres, que evaluaran en una escala del uno al diez el grado de belleza y sensualidad, tanto de la paciente como de las otras dos mujeres que ella había seleccionado. Una vez procesados los datos se encontró que alrededor de noventa por ciento de los observadores había opinado que mi paciente era una persona bella, sensual, atractiva y deseable. Al ver los resultados, la paciente se mostró sorprendida. Pensó un rato y luego dijo: "Es increíble… No sé qué decir… ¡Jamás pensé que la gente tuviera tan mal gusto!". La creencia de su imperfección la absorbía hasta el extremo de ignorar y sesgar cualquier información que le demostrara que estaba equivocada.

La lupa personal

Por alguna extraña razón, los apodos y los sobrenombres siempre dan donde más duele. Los defectos físicos parecen tener la propiedad de ser detectados inmediatamente por los demás, así sean minúsculos. Y aunque se produzca una metamorfosis positiva con los años, es decir, aunque el supuesto "defecto" desaparezca o sea tratado por la ciencia médica, la mofa deja sus huellas y funciona luego como un criterio de evaluación que luego aplicamos a nosotros mismos. A medida que crecemos y aprendemos lo "lindo" y lo "feo", ya no necesitamos que se nos diga, basta con mirarnos al espejo. Iniciamos, sobre todo en la preadolescencia y en la adolescencia, una revisión detallada y casi compulsiva de lo que somos físicamente: punto a punto, poro a poro, sector por sector y de una manera estricta. El resultado es que pocas cosas se salvan, y casi siempre nos falta o nos sobra algo. Criticamos nuestro color de piel, nuestro cabello, dientes, ojos, piernas, dedos o cualquier otra cosa que no pase el filtro, ¡incluso lo que no queda expuesto al público! Recuerdo a un paciente que se negaba a ir a la playa porque los dedos de sus pies eran muy grandes y torcidos. Un día se quitó los zapatos y me mostró sus dedos. Yo esperaba encontrarme con algo similar a las pezuñas del hombre lobo, pero para ser franco, si él no me hubiera explicado antes con lujo de detalles la supuesta "imperfección", jamás me hubiera dado cuenta de ello. Su temor era que no le gustaría a las chicas debido a su "anomalía". Mi respuesta fue simple: le dije que si alguna mujer lo rechazaba porque su dedo anular tenía dos o tres milímetros más que el dedo pulgar, pues que se buscara otra.

Es increíble la habilidad de algunas personas para detectarse fallas y exagerarlas (en los casos extremos, como el de mi paciente, este tipo de aprehensión se conoce como trastorno dismórfico corporal, y hay que recurrir a un profesional competente para tratarlo).

Espejito, espejito...

No estoy criticando el cuidado o el arreglo personal, ya que es natural que queramos vernos bien, gustar y gustarnos, sino la preocupación obsesiva por ser "bello" o "bella" a toda hora y de acuerdo con lo que dictan los expertos en turno. Si la autoafirmación personal es como sigue: "Lo que valgo como ser humano depende de mi belleza física", esto indica una inversión alarmante de valores esenciales. Lo mismo ocurre con las personas que muestran la necesidad imperiosa de mantener la juventud y la belleza por encima de todo y no comprenden que cada edad tiene su encanto. Si lo que vemos en el espejo no se acomoda al ideal estético que hemos aprendido (lo que quisiéramos ver), nunca nos sentiremos bien con nuestro cuerpo. Un paciente actor, que hacía las veces de galán, me comentaba: "Lo mejor sería vivir sin relojes ni espejos: despreocuparnos de cómo transcurre el tiempo, sin pasado que lamentar (la juventud que se fue, con su carne fresca a cuestas) y sin futuro al cual temer (las arrugas inevitables y la vejez)". Le respondí que de todas maneras los demás se darían cuenta y tarde o temprano le señalarían las nuevas canas y los gramos de más acumulados. Hay que envejecer, no hay salida. No hay que ser budista para entenderlo y aceptarlo; el asunto es hacerlo con elegancia y dignidad.

Inventar la belleza

Cualquier persona relativamente instruida aceptará el hecho de que no existe un criterio universal y absoluto de lo que "debe ser" hermoso. Recuerdo que mi abuela siempre hablaba de su madre como la mujer más bella y atractiva del mundo, siguiendo unos cánones que habrían hecho indignarse a más de un médico esteticista: "¡Qué hermosura de mujer era mi madre! Gordita, blanca como la leche, con unos grandes cachetes rosados y unos labios rojos como fresas". Cuando ella comentaba esto, los nietos nos desternillábamos de la risa y los más grandecitos hacíamos muecas de desagrado. Hoy en día esas bellezas "antiguas" no caben en nuestras estructuras mentales. No es tan fácil para la posmodernidad "procesar" el atractivo de las divas del cine mudo, las Miss Universo de hace cincuenta años o los cuerpos "esculturales" de los años sesenta del siglo pasado. El relativismo en esto también es evidente en otros aspectos. Sólo por poner un ejemplo: los indios lesú de Nueva Guinea gustan de mujeres grandes y fuertes, porque pueden cargar leña y hacer tareas pesadas: ahí radica su *sex appeal*. La premisa es clara: *la belleza es algo relativo a la época y al lugar*, así existan ciertas variables biológicas en juego. Se nos inculca y enseña qué cosa debe ser considerada "bella" u "horrorosa", pero de ninguna manera es una verdad absoluta. En los tiempos de mi bisabuela, el criterio de belleza giraba alrededor de la buena alimentación; hoy en día los signos de desnutrición que desfilan por las pasarelas generan admiración y envidia.

La premisa más saludable es como sigue: puedes decidir tu propio concepto de lo bello. No es fácil, pero vale la pena intentarlo. Así como para vestirte bien no debes seguir dócilmente la moda y uniformarte, para gustarte a ti mismo o a ti misma no tienes que utilizar conceptos externos. No tienes por qué parecerte a nadie en especial, ni hay razones teóricas o científicas que justifiquen la superioridad de una forma de belleza sobre otra.

Los requisitos sobre tus preferencias estéticas son básicamente una mezcla compleja entre variables cognitivas y afectivas (quizá más de estas últimas), y por eso muchas veces conocemos a una persona que "nos gusta", nos mueve la química y no podemos explicar exactamente qué nos atrae de ella. He conocido gente racista enamorada de alguien de piel oscura, comunistas enamorados de burguesas, anarquistas de policías y maquilladores de mujeres con un cutis que no tiene arreglo. La contradicción estética-atracción queda en manos de algún mecanismo de la naturaleza aún desconocido que nos empuja hacia alguien que no concuerda con nuestras exigencias de lo hermoso, pero nos atrae pese a todo. Si la convención social hubiese sido más benigna en sus normas estéticas no existirían los concursos de belleza y se arruinarían todas las empresas que giran alrededor del culto al cuerpo.

Lo importante, entonces, no es ser bello o bella, sino gustarse a uno mismo. Para lograrlo no es conveniente utilizar pautas ya establecidas, sino inventarlas. *La belleza es una actitud: si te sientes lindo o linda, lo eres, y eso transmitirás a los demás, pero si aceptas pasivamente el modelo de belleza que te imponen desde fuera, terminarás pensando que eres horrible.* Ya debes de haber vivido alguna vez la nada placentera sensación de estar metido o metida en una llanta después de ver un comercial donde desfilan modelos que se han operado hasta las costillas. ¿Qué hacer? Lo saludable es destacar las cosas *que realmente te gustan de ti*, aunque no coincidan con la "onda" general. Una de mis pacientes convertía el supuesto placer de comprar ropa en un verdadero suplicio. "Doctor —decía—, me angustio porque no sé qué debo comprar." Yo le contestaba: "Lo que le guste", a lo cual ella respondía: "¿Y cómo sé que mi gusto es *el correcto*?". Me costó mucho hacerle entender que en cuestión de gustos no hay errores o "no hay disgustos", como dice el refrán.

Insisto: tu cuerpo y el modo en que lo cubras deben agradarte primero a ti. "Decórate" a tu conveniencia y buen parecer, es decir: como se te dé la gana. De no ser así, tu poder de decisión quedará a merced de lo que "se usa" o "no se usa". Por ejemplo, sentirse bien vestido es algo agradable (a veces he pensado que la mayor felicidad que comparten los invitados a una boda, familiares incluidos, no es la alegría del que se casa, sino el sentirse elegantes), pero estar pendiente obsesivamente de "cómo me veo" puede resultar una tarea agotadora y desgastante.

Para mejorar la autoimagen

Para salvaguardar tu autoimagen o rescatarla, si fuera el caso, debes tener en cuenta los siguientes aspectos:

1. Trata de definir tus propios criterios de lo que es bello o estético

No te dejes llevar de la mano por los "conocedores": sobre este tema nadie sabe nada. Tampoco permitas que te afecten los que critican tus preferencias: es una elección que sólo tú puedes hacer. Confía en el instinto de tus gustos y arriésgate a ensayar tu propia moda. A la pregunta estúpida: "¿Se usa?", simplemente contesta: "No tengo la menor idea". Muy a pesar tuyo, descubrirás que la gente comenzará a considerarte un "modelo a seguir". Arréglate para ti y no para otros.

2. Descarta la perfección física y los criterios estrictos

No dejes que los ideales inalcanzables te atrapen. No hay un absoluto sobre la belleza; por eso encontrarás a gente a la que le parece hermoso alguien que a ti no te agrada en lo más mínimo. No pierdas el tiempo pensando en lo que te faltó para ser una Afrodita o un Adonis; mejor disfruta lo que tienes, juega bien tus cartas y no te exijas lo imposible. La idea de la perfección física sólo te llevará a centrar la atención en tus defectos y olvidar tus encantos. ¿No eres un ser estéticamente perfecto? ¡Pues bienvenido al mundo de los normales! He conocido a mujeres y hombres cuyo ego no les cabe en el cuerpo, que se pasan horas en un gimnasio y se sienten especiales y físicamente encantadores; no caminan, se pavonean. Hace poco leí un grafiti por Barcelona: "La belleza está en la cabeza". Yo diría en dos cabezas: en la del que mira y evalúa y en la del que se expone y exhibe. Bájate de la nube. Lo importante no es tu contextura anatómica, sino cómo la llevas.

3. Descubre y destaca las cosas que te gustan de ti

A veces, cuando detectamos algún aspecto desagradable en nuestro físico, se produce un efecto de encandilamiento y generalización, como si ese único aspecto nos atontara y no pudiéramos ver nada más. Un lunar imprudente, una mancha inesperada, una oreja más caída, un color de pelo apagado, en fin: la lista es interminable. Lo importante es repartir la atención para que incluyas también lo que te gusta de ti y quitar el resplandor insufrible de lo que no te gusta y te impide disfrutar lo placentero. No importa cuántos sean tus atributos físicos positivos, alégrate de tenerlos y disfrútalos. ¡Tienes la fortuna de poseerlos! ¡Son tuyos! Nunca pienses que has "agotado" tus encantos: explora y te sorprenderás de las cosas interesantes, seductoras y sensuales que puedes hallar en ti, que nada tienen que ver con las proporciones. Una joven mujer me comentaba con preocupación: "No sé por qué él se fijó en mí, si hay otras mujeres mucho más bonitas". En verdad tenía razón: siempre habrá alguien más guapo o guapa que nosotros. ¡Pero eso no lo es todo! Mi paciente tenía una sonrisa contagiosa, una expresión de picardía en la mirada y una personalidad avasalladora. Además era supremamente inteligente y sabía lucir su cuerpo con garbo y soltura. ¡Uno no se enamora de unas pantorrillas, un peroné o una tibia, sino de quien los lleva!

4. Tu autoimagen se transmite a otros

Si te sientes una persona poco interesante y atractiva, darás esa imagen a los demás y te tratarán de acuerdo con ella, lo cual confirmará tu creencia. Incluso podrían discriminarte y te hundirías cada vez más en una visión oscura y triste de ti misma. Como ya dije, en cierta manera la belleza es una actitud: si te autocompadeces, te compadecerán; si te tienes lástima, los demás sentirán lástima por ti; si te ves como alguien desagradable, te rechazarán. Tú creas el contexto interpersonal: tu espacio de crecimiento o tu nicho. La mejor manera de romper el círculo negativo es gustarte y acabar con ese esquema de defectuosidad/vergüenza que arrastras desde hace años, así sea leve. Prueba a hacer el papel de alguien que está satisfecha o satisfecho con su cuerpo, a ver cómo te sientes. Ensaya esa conducta un tiempo, siéntete irresistible e intenta comportarte en esa dirección, sin convertirte por supuesto en alguien fastidioso: "Aquí estoy, esto es lo que soy, y si no les gusta, lo siento mucho". El círculo comenzará a quebrantarse. No hablo de vanidad, sino de la supervivencia emocional que nace de ser un poco más complaciente con la propia apariencia física. Mira a tu alrededor y dime cuánta gente ves casada o emparejada con supermodelos, divos o divas. La mayoría nos mantenemos en la media o tendemos a ser más bien feos y feas; y ésa es la ventaja: somos la mayoría y, por lo tanto, habrá mayor probabilidad de que nos encontremos con alguien similar a nosotros, es decir, imperfecto.

5. El aspecto físico es sólo uno de los componentes
de tu autoimagen

Reafirmemos el punto anterior: ser bien parecido es sólo un factor de lo que eres como persona. Tu esencia va mucho más allá. El

HACIA UNA BUENA AUTOIMAGEN

aspecto físico ni siquiera es lo más importante de la atracción interpersonal pasadas una o dos horas. Las personas, además de "lindas"
o "feas", también pueden ser cálidas, amables, inteligentes, tiernas,
seductoras, sensuales, interesantes, educadas, alegres, afectuosas,
graciosas, estúpidas y mil cosas más. Hay gente que posee "magia",
y ese condimento es determinante a la hora de establecer relaciones interpersonales. En otras palabras: tienes muchas opciones para
gustarte y dejar de insultar al espejo cada vez que te miras. Una vez
más: no digo que descuides tu cuerpo o tu apariencia, más bien que
lo ubiques en el lugar que le corresponde. Pregúntate qué más tienes aparte de huesos y piel. Y si no encuentras nada más, pide ayuda
profesional.

6. No magnifiques lo que no te gusta de ti

Me refiero a la lupa invisible que a veces cargamos y hace que un
pequeño granito se vea como una montaña o que una pequeña
imperfección parezca una anomalía casi monstruosa. Magnificar
lo desagradable hasta que, como un alud, sepulte lo agradable y
todo se contamine. Dirigir la atención allí donde menos nos gusta y exagerarlo nos lleva a creer que no tenemos salvación posible
y deberíamos confinarnos del resto del mundo. Un paciente me
decía: "Vengo porque tengo la preocupación de quedarme calvo".
Pensé que era una broma al ver la cabellera de aquel hombre. Tenía un pelo largo, negro y brillante, realmente envidiable. Cuando
le pregunté en qué se basaba su angustia, se levantó unas cuantas
mechas y me señaló un círculo de unos tres milímetros de diáme-
tro encima de las sienes, en el cual la cantidad de pelo era menor
que en otras partes. Luego me explicó que el dermatólogo le había
dicho que no debía preocuparse; ni siquiera le había recetado un

medicamento. Sin embargo, él seguía con la idea de que tenía un principio grave de calvicie y por eso andaba todo el tiempo empujando su cabello hacia delante para disimular el "despoblado" que sólo él veía. Costó mucho que dejara de utilizar la lupa que se había inventado y aprendiera a poner sus atributos positivos en otra parte, como dentro de su cabeza y no sobre ella.

7. Siempre habrá alguien dispuesto a amarte

Si realmente te agradas y te aceptas, siempre encontrarás a alguien que guste de ti y sea capaz de amarte. El desagrado frente a uno mismo bloquea la capacidad de relacionarse, porque las personas que no están a gusto con su cuerpo anticipan el rechazo y evitan a los demás: muestran miedo a la evaluación negativa, y sus niveles de ansiedad social se incrementan exageradamente. La coquetería y la seducción no les pasan por la cabeza, porque se consideran ridículas en ese plan. Nunca dan el primer paso, y si alguien se les acerca, lo ahuyentan con sus inseguridades y prevenciones. Gustarse es abrir los horizontes afectivos: ¿cómo amar a quien no se ama a sí mismo? Si no te quieres, nunca podrías procesar, aceptar o tomar el afecto que te entregan con naturalidad y alegría.

8. Comparación injusta

No seas cruel con tu persona. No te cotejes como si fueras un artículo de compra y venta. Compararse es odioso, pero si tomas como referencia a los hombres o las mujeres *top* en cualquier área, será doblemente injusto. Los que se comparan con los mejores, los más exitosos, los más famosos, en fin, con los "más", viven amargados por lo que "no son" o "les falta". Una mujer mayor me decía: "Cuando voy por la calle no hago más que mirar a las mujeres jóvenes y hermosas, y entonces me siento vieja y fea". ¡Obvio! También compraba ropa en los almacenes de moda juvenil, donde ninguna talla le servía, y vivía en manos de un profesional de la medicina estética para quitarse todos los años posibles de encima. Su mente se desgastaba pensando en cómo retroceder el tiempo. Una actitud masoquista patrocinada por un conjunto de antivalores de los cuales no era consciente (la obsesión nos quita lucidez).

Pues sí, no queda otra que admitirlo, aunque tu expectativa ande por los aires: hay gente que es más joven, más inteligente, más rica, más famosa y más bella que tú. Cada quien tiene su encanto, y tú tienes el tuyo. Otras personas se consuelan mirando a los que están por debajo en las estadísticas de lo estético y llegan a la conclusión de que no son "tan horribles". Esta táctica consolatoria, así mantenga a veces la autoestima a flote, no es buena para tu crecimiento personal porque no te enfrenta a lo que eres. Es preferible no compararse en lo absoluto y aceptarse incondicionalmente, quererse, gustarse, adornarse; ni por defecto ni por exceso, sin puntos de referencia hacia arriba o hacia abajo (si es que hay arriba y abajo). Para que tu autoestima funcione bien, debe haber una aprobación esencial, una admisión de lo básico, una conformidad del propio "yo" consigo mismo, cuerpo incluido. Cuando te enamoras, no lo haces "a medias" o solamente "un poco": amas o no amas. Igual ocurre cuando el afecto va dirigido a tu persona: te quieres o no te quieres, te aceptas o no aceptas.

HACIA UN BUEN AUTORREFORZAMIENTO

Tal vez suceda que una vez cada siglo, la alabanza eche a perder
a un hombre o lo haga insufrible, pero es seguro que una vez cada minuto
algo digno y generoso muere por falta de elogio.
JOHN MASEFIELD

Si alguien afirmara: "Mi pareja me elogia muy pocas veces, no suele darme gusto, no se preocupa por mi salud, me dedica poco tiempo y casi nunca me expresa afecto", estaríamos de acuerdo en dudar de que exista realmente un sentimiento de amor. De manera similar, si nunca te refuerzas ni te premias a ti mismo, si no te dedicas tiempo, si no te expresas afecto, tu autoestima será nula o insuficiente. El amor propio, en principio, no debería ser muy distinto de querer a otros, al menos en su *modus operandi* básico.

Si somos responsables y juiciosos, y planeamos con exactitud rigurosa los compromisos asumidos, horarios de trabajo, presupuestos económicos y cosas por el estilo, ¿por qué no hacemos lo mismo a la hora de gestionar nuestros autorreforzamientos? Por ejemplo, ¿por qué el tiempo libre parece ser un efecto residual, algo que "sobra" después de las obligaciones y que muchas veces no sabemos ni qué hacer con él? Vamos a cien kilómetros por hora y no nos detenemos a descansar y a disfrutar del ocio de tanto en tanto, porque nos pasan por encima… ¿Dónde quedaron aquellos años de infancia y juventud en que "dejábamos pasar el tiempo" sin miedo ni culpas? ¡No hay lugar disponible en la agenda! Entre quienes viven para trabajar, el descanso se ha reducido a una función pasiva de recuperación de fuerzas. Llegada la noche, los adictos al trabajo no duermen: ¡se desmayan!

Disponemos de tiempo para los hijos, la pareja, los padres, los suegros, los vecinos, los amigos, pero no se nos ocurre utilizar un rato libre en beneficio propio y ¡a solas! No nos interesa tanto generar salud mental como dinero. Muchos de mis pacientes se sienten culpables cuando logro convencerlos de que se sienten bajo un árbol sin hacer nada en concreto, más que admirar la naturaleza y jugar con la hierba. Ideas irracionales como: "Estoy *perdiendo* el tiempo" no tardan en aparecer. El silogismo es como sigue: "Si el tiempo es 'oro', estoy perdiendo dinero". El miedo a caer en el ocio y la pereza ha desarrollado un patrón de conducta hiperactivo tan absurdo que no podemos dejar de mostrarnos "dinámicos" y "laboriosos" a toda hora. Conductas como pensar, soñar, fantasear, dormir, meditar o mirar por mirar son consideradas una forma de malgastar la vida o simple vagancia. Los que piensan de este modo tendrán serias dificultades para amarse a sí mismos tranquilamente, ya que su pensamiento se centrará en que podrían estar haciendo algo "más productivo" que pasarla bien.

Es absurdo que el propio "yo" ocupe el último lugar de la expresión de afecto que somos capaces de dar. Vivimos postergando las gratificaciones que merecemos y nos decimos: "Algún día lo voy a hacer", pero ese día no suele llegar. "Mañana empiezo" + "Mañana empiezo" + "Mañana empiezo" = procrastinación. Un paciente que adoraba la música me decía que había comprado un saxofón para cuando se jubilara: "Tendré tiempo libre —decía— para interpretar lo que quiera". Realmente me preocupé por el aplazamiento y le respondí que cuando estuviera viejo y jubilado era probable que no tuviera suficientes pulmones para soplar.

Desde niños se nos inculca que el autocontrol y la postergación de lo placentero son de las características que nos diferencian de los animales menos desarrollados. Pero esto no debe tomarse como una premisa de vida o muerte: posponer los reforzadores puede ser una habilidad importante al seguir una dieta, para dejar de fumar o intentar no ser agresivo, pero si hacemos de la postergación del placer sano una manera de vivir, estaremos haciéndole el juego a la depresión, y nuestra existencia irá perdiendo lentamente su lado positivo: *el costo será la insensibilidad y la pérdida de la capacidad de asombro.* Estar con el freno de emergencia puesto las veinticuatro horas, tratando de ser prudente, adecuado, conveniente, medido y sensato, te llevará al letargo afectivo y a la apatía absoluta por las cosas que podrían acercarte a una vida más plena. Perderás la capacidad de vibrar y de emocionarte, crearás una coraza y te acostumbrarás a lo rutinario: la diversión y la felicidad te parecerán molestas.

Muchas personas se sienten irresponsables si se exceden o "caen" en ciertas tentaciones ingenuas y no violatorias de ningún derecho, como darse más gusto. Simplemente han desarrollado la creencia irracional y restrictiva de que recompensarse a uno mismo es un "vicio" ególatra sumamente peligroso, así se mantengan dentro de límites inofensivos y saludables.

Filosofía hedonista

Hedonismo significa placer, satisfacción, regocijo, goce y bienestar. Una filosofía hedonista implica un estilo de vida orientado a buscar el disfrute y a sacarle provecho a las cosas que nos rodean, obviamente sin ser esclavos de ellas y sin caer víctimas de la adicción. Una premisa por la que te podrías guiar es como sigue: "Si no es dañino ni para ti ni para otros, puedes hacer lo que quieras". Gozar y disfrutar de la vida no significa, como creen algunos, caer en una bacanal de conducta descontrolada y sin el menor asomo de organización mental. La persona hedonista no es un corrupto superficial que sólo busca los placeres mundanos de comer y beber (basta leer a Epicuro para comprender esto). La persona que asume una filosofía hedonista responsable no evita la lucha cotidiana y los problemas, sencillamente reconoce de manera honesta lo que la hace feliz y trabaja activamente para conseguirlo y aprovecharlo intensamente. Entre el extremo del autocontrol excesivo del asceta y la búsqueda desenfrenada del placer inmediato hay un punto intermedio donde es posible el *deleite equilibrado*: los placeres que no nos hacen daño. La filosofía *anhedónica* (lo contrario de hedonista) es el culto a la parálisis emocional y el rechazo del placer, como si éste fuera contraproducente *per se*.

Si vives enfrascado en una forma de vida avara contigo mismo perderás la posibilidad de vivir con pasión; es imposible aprender a quererte a ti mismo si no aceptas vivir intensamente. Algunas personas confunden el "no sentirse mal" con el "sentirse bien": dejar de autocastigarse y sufrir no es suficiente, hay que dar un paso más, premiarse sin excusas.

¿Por qué no somos hedonistas? ¿Por qué nos resignamos a un estilo de vida rutinario y poco placentero? Quizá por querer ser "demasiado humanos" hemos perdido algunas capacidades fundamentales que heredamos de nuestros antecesores animales. El desarrollo de la corteza cerebral y del lenguaje, si bien ha permitido evolucionar en muchos aspectos, nos ha alejado del legado "primitivo/instintivo" de nuestro pasado evolucionista, al menos en dos factores principales: la *conducta de exploración* y la *capacidad de sentir*. Veamos cada una en detalle

La conducta de exploración

La *exploración* es uno de los comportamientos que más garantizan el desarrollo inteligente y emocional de nuestra especie. En el reino animal, la búsqueda y la indagación del medio circundante facilitan el descubrimiento de fuentes de alimentación, guaridas y apareamiento sexual. Este impulso por investigar que mueve a los individuos ayuda a que el sistema conductual heredado se enriquezca y aumente el repertorio de recursos para afrontar peligros y preverlos. Es una forma de autoestimulación que desarrolla más sustancia blanca del cerebro (mielinización) para que podamos aprender más y mejor. Explorar es curiosear, y la curiosidad es uno de los factores que han permitido la evolución y mantenimiento de la vida en el planeta. Husmear, escudriñar e investigar llevan a una de las mayores satisfacciones: el descubrimiento y la sorpresa. Explorar, ir al encuentro de la vida y dejarse absorber por ella abre puertas que estaban cerradas a los sentidos y al conocimiento, y nos permite "chocar" con una realidad insospechada.

La felicidad no llega a la puerta: hay que buscarla y pelear por ella. ¿Hace cuánto que no sales a vagar sin rumbo fijo o que no improvisas? Cuando induzco a mis pacientes a que incrementen su ambiente motivacional, muchos me dicen: "¿Y qué hago?". Yo les contesto: "Buscar". ¿Buscar qué? ¡No tengo idea! ¡Buscar por buscar! Abrir la mente sin defensas, dejar que la experiencia y la información nos lleguen y rebasen. No hay una lista prefabricada sobre qué hacer de bueno con la propia vida: hay que fabricarla investigando y tanteando el medio que nos rodea. De cada diez puertas que abras, posiblemente una te muestre algo interesante y maravilloso que justifique el esfuerzo. *Cuando lo cotidiano se vuelve demasiado usual y puedes prever tu futuro inmediato hasta el mínimo detalle, algo anda mal: preocúpate por que la obsesión anda rondando.*

Dicho de otra forma: cuando lo común y corriente se vuelve ritual, es hora de explorar, y cuanto más predecible sea tu vida, mayor será el aburrimiento. Necesitas desacostumbrarte de lo que te rodea y construir tu propia ecología, un ambiente motivacional que te seduzca para convertirte en un investigador de tu propia vida. Si has perdido la capacidad de exploración, debes recuperarla; de otro modo, jamás podrás acercarte a una filosofía hedonista y el amor propio será una carga.

La capacidad de sentir: "Siento, luego existo"

El segundo factor que interfiere con un estilo de vida placentero son los bloqueos en la *capacidad de sentir*. Algunas personas sólo perciben lo evidente. Por ejemplo: si están en las cataratas del Niágara, sólo verán "mucha agua", y frente a un bello vitral del Medioevo no verán más que un "vidrio pintado"; el atardecer les recordará que llegó la hora de dormirse, una mañana de sol les hará anticipar un día caliente, y la lluvia sólo los impulsará a buscar un resguardo para no mojarse.

Los sentidos primarios han sufrido, sin lugar a dudas, un adormecimiento. El olfato y el tacto han ido perdiendo importancia adaptativa para nuestra especie, pero son fuentes de placer si se reactivan (¿habrá algo más impactante que "catar" a la persona amada?).

La parte del cerebro encargada de procesar los sonidos se ha especializado en decodificar el lenguaje hablado y ha perdido capacidad para detectar y discriminar otros ruidos de la naturaleza. El sistema de procesamiento de la información humano tiene dos formas de operar: una es voluntaria o controlada; la otra, automática o no consciente. La primera depende de aquellos estratos más desarrollados del sistema nervioso central (el hemisferio izquierdo de la corteza cerebral) y procesa información lógica. La segunda se estructura sobre la base de sistemas fisiológicos más antiguos (sistema límbico, hemisferio derecho, sistema nervioso autónomo) y procesa información emocional-afectiva. El sentimiento, a diferencia de los procesos de pensamiento, tiene algunas características que le son propias: suele ser más automático, requiere menos esfuerzo mental, es inescapable, irrevocable, total, difícil de verbalizar, de explicar y, muchas veces, de entender. Cabe señalar que si bien ambos tipos de procesamiento presentan características distintas, interactúan y se entremezclan permanentemente y, según el caso, habrá sin embargo predominio de uno u otro sistema. Con todo, es muy difícil que en el ser humano exista una emoción pura o una lógica totalmente libre de afecto.

Lo anterior nos lleva a una interesante conclusión: si *bien los sentimientos pueden poseer un canal propio para su reconocimiento y traducción, pueden verse obstaculizados o facilitados por la influencia de nuestros pensamientos.* Por ejemplo, una creencia típica que impide vivir la emoción cómodamente es la siguiente: "Expresar emociones libremente es hacer el ridículo". Este mandato, de mucho arraigo en ciertas culturas y grupos sociales, considera que reprimir la expresión de las emociones es un acto de adecuación social y sobriedad. El problema es que no llorar, gritar, ofuscarse, saltar de la alegría o reírse a carcajadas de vez en cuando, sin recato ni compostura, es estar medio muerto. La norma que predica y promueve "no salirse jamás del punto adecuado" hace de la represión afectiva una virtud.

A uno de mis pacientes, un ejecutivo de éxito, muy tradicional en su manera de pensar, tuve que darle la mala noticia de que su mujer, a la cual adoraba, ya no lo quería, se iba a separar de él y tenía un amante desde hacía cinco años. Cuando recibió semejante escopetazo, el señor se limitó a fruncir el entrecejo, asintió con un movimiento leve de cabeza, suspiró y dijo en un tono aplanado: "Debo reconocer que me siento algo incómodo", y se desabrochó la corbata. No se desencajó, no hizo siquiera una mueca de desesperación ni soltó una lágrima o expresó indignación; sólo se controló y esbozó una especie de "Ajá", mientras su mirada y el sudor decían otra cosa. Irónicamente, una de las causas de su fracaso matrimonial había sido precisamente la dificultad que presentaba para expresar sus sentimientos de una manera relajada y abierta. La idea de inhibir las emociones a toda costa, ya sea por miedo a sentir o por miedo al qué dirán, se vuelve una costumbre que con el tiempo lleva a una "dislexia emocional", un analfabetismo afectivo en el que no sólo dejamos de expresarlas sino también de leerlas y comprenderlas.

No estoy promulgando la impulsividad ciega y totalmente descontrolada de hablar duro, llorar a toda hora y reírse por nada. Lo que no comparto es la absurda idea de que la expresión franca y honesta de los sentimientos es "primitiva", poco civilizada, impropia e inconveniente. ¿Impropia para quién? ¿Inconveniente para quién? La capacidad de sentir la vida, en el amplio sentido de la palabra, no es una enfermedad frente a la cual haya que desarrollar inmunidad: es salud física y mental. Puedes dejarte llevar sin límites cuando haces el amor (aullar si se te antoja), volar con tu música preferida hasta las cinco de la mañana (sin molestar al vecino), llorar frente a la *Piedad* de Miguel Ángel, gritar en una película de terror, darle una patada al automóvil porque te dejó varado a mitad de la carretera por quinta vez, abrazar efusivamente a un amigo, decirle setenta veces "Te quiero" a la mujer u hombre que amas, aplaudir a rabiar en el concierto de tu músico preferido o sentir nostalgia frente a la foto de un familiar que se ha ido para siempre. Puedes sentir lo que se te dé la gana, *si no violas los derechos de las otras personas, si no te hace daño y si eso te hace feliz*, aunque a unos cuantos estreñidos emocionales no les agrade y te censuren por ello.

Es verdad que algunas emociones son desagradables y nefastas (los psicólogos bien lo sabemos), pero incluso en los casos donde se hace preciso modificar un sentimiento negativo patológico, el primer paso es aceptar y reconocer su existencia. Si realmente es fuente de sufrimiento y malestar, hay que dejar salir la emoción para proceder a eliminarla o reestructurarla. Sentir no es la actitud masoquista de resignarse a aceptar aquellas emociones que te perjudican. Sentir, como aquí está planteado, es una manera de investigar y explorar qué cosa te gusta y qué cosa no quieres; es la condición *sine qua non* para descubrir nuevas maneras de quererte a ti mismo.

Resumiendo lo dicho hasta aquí: *aceptar vivir en un contexto de vida hedonista es generar un estilo personal de libertad emocional. Un espíritu desinhibido y sin restricciones irracionales favorecerá el desarrollo de una sensibilidad aguda y perceptiva, la cual a su vez mejorará la comunicación afectiva y la comprensión de los estados internos. Un estilo hedonista produce una mayor sensibilización frente a los estímulos naturales que llegan al organismo y amplía el rango de situaciones potencialmente placenteras.*

El poeta francés Jacques Prévert muestra en uno de sus poemas un ejemplo de libertad emocional que, aunque sancionado por las "buenas costumbres", nos recuerda aquella frescura y alegría de nuestra infancia. Lleva por nombre *El mal estudiante*:

> Dice *no* con la cabeza
> pero *sí* con el corazón
> dice *sí* a lo que le gusta
> dice *no* al profesor
> está de pie
> lo interrogan
> y le plantean todos los problemas
> de pronto le da un ataque de risa
> y lo borra todo
> cifras y palabras
> fechas y nombres

> frases y trampas
> y sin hacer caso de las amenazas del profesor
> ni de los abucheos de los sabelotodo
> y con gises de todos colores
> en la negra pizarra de la desgracia
> dibuja el rostro de la dicha

Muchos de mis pacientes, víctimas de una educación "antialegría", adquieren el vicio de no disfrutar demasiado. Cuando se sienten muy bien, un impedimento psicológico les dificulta el clímax y los incrusta de narices en la monotonía: "No vaya a ser que me guste". Le temen a la alegría porque la ven demasiado peligrosa y mundana, como en la novela de Umberto Eco *El nombre de la rosa*, cuando el cura ciego impedía la lectura de un texto aristotélico sobre el humor, porque creía que si se perdía el temor a Dios, se acababa la fe. De todas maneras, y afortunadamente, pese a los esfuerzos dogmáticos, restrictivos y fiscalizadores de los amigos de la seriedad y lo austero, el júbilo sigue irremediablemente haciendo de las suyas.

Autoelogio

Lo que nos decimos a nosotros mismos determina en gran parte nuestra manera de sentir y actuar. Permanentemente sostenemos diálogos internos y rumiamos sobre esto o aquello de manera consciente o inconsciente, simplemente porque la mente es una parlanchina compulsiva. Estas conversaciones que el "yo" sostiene consigo mismo comienzan a muy temprana edad y van formando con los años un "lenguaje interno", el cual puede ser beneficioso o dañino para nuestra vida, dependiendo de su contenido. Es imposible mantenernos en un silencio interior prolongado a no ser que seamos meditadores avanzados y de alta escuela. Siempre tendrás algo que decirte, bueno o malo, constructivo o destructivo, enriquecedor o depresivo.

Cuando hablamos de *autoelogio* nos referimos a una manera positiva o constructiva de hablarte a ti mismo y felicitarte cuando crees haber hecho bien las cosas. No hace falta que lo hagas en voz alta y en público (serías sancionado y duramente criticado), pero sí puedes hacerlo en voz baja (nadie lo sabrá y será un idilio oculto de "ti contigo"). Los autoelogios (como "¡Qué bien lo hice!", "¡Estuve genial!" o "¡Me gusta mi manera de ser!") suelen ser tanto o más importantes para nuestra autoestima como los refuerzos externos. La ventaja aquí es que no necesitas de intermediarios: serás tu propio Cyrano de Bergerac y podrás endulzarte los oídos a ti mismo.

Tres creencias irracionales que nos impiden felicitarnos a nosotros mismos

Aunque las causas pueden ser muchas, hay tres factores principales a tener en cuenta a la hora de explicar por qué nuestro diálogo interno no es autorreforzante:

1 | **"No lo merezco" o "No fue gran cosa"**

Típico de las personas que ven en la modestia (así sea falsa) y en la subestimación de los logros personales un acto de virtuosismo. En realidad, es un acto de hipocresía en la mayoría de los casos, porque cuando actuamos correctamente sabemos que lo hicimos bien, sabemos que fue resultado de un esfuerzo, una habilidad o una competencia. El sabio no niega la virtud que posee; lo que hace es no exponerse buscando aprobación y aplausos, pero no se autoengaña. Si eres bueno en alguna cosa, pues qué le vas a hacer: ¡acéptalo y acéptate! Si la comunidad te hace un reconocimiento o una felicitación honesta y franca, no los desprecies ni les des a entender que se equivocaron. No digas que no la mereces. ¡Da las gracias y después cállate! La otra explicación se refiere a personas cuyas metas son tan inalcanzables que el elogio y la felicitación no cristalizan nunca. Su creencia irracional es como sigue: "Ninguna felicitación es para tanto". Si éste es tu estilo, trata de relajarte: no tienes que ganar un premio Nobel ni llevar adelante empresas quijotescas para reforzarte positivamente. Siempre eres merecedor de tus propias felicitaciones si son auténticas y están al servicio de fines nobles. No eres un héroe, sólo un superviviente, una persona que vive o intenta hacerlo bien. ¿No debería bastarte para estar a gusto contigo mismo?

2 | "Era mi deber" o "Era mi obligación"

Esta actitud no le sirve a tu autoestima. ¿Llevaste a cabo bien tu deber? ¡Alégrate! ¡Regálate un "Muy bien"! *Tu primer deber es para contigo mismo.* ¡Date un abrazo! Hasta en el más vertical y autoritario de los sistemas se premia y se elogia. Si tu diálogo interno es el de la obligación absoluta no te sentirás con derecho a elogiarte. Lo vivirás como un acto de cobardía y dejarás de lado el placer de colocarte alguna que otra medalla simbólica.

3 | "Autoelogiarse es de mal gusto"

Como ya dije, si lo haces en tu fuero interno, simplemente nadie se dará cuenta. Autoelogiarse es una necesidad que va de la mano de la autoconservación: tu mente se hace más segura y poderosa cuando la mimas. ¿Es de mal gusto tener gases, orinar, roncar, bostezar? Si lo haces en público, muy posiblemente, pero a solas se te permite hacer eso y cualquier otra cosa más. El autoelogio, por definición, es un acto que se lleva a cabo de manera encubierta, sin espectadores de ninguna índole; es sólo para ti. Cultivar el amor propio sanamente (autocuidado) nunca es de mal gusto. El castigo, por el contrario, sí lo es, porque atenta contra la dignidad humana y el autorrespeto. ¿Alimentar el ego? Eso depende de cómo lo hagas. Por ejemplo, puedes hacer ejercicio físico para "mejorar tu salud" o para entrar al club de los "buenos cuerpos". Puedes estudiar mucho para saber o para ganarle a tus compañeros de clase. Puedes autoelogiarte para cuidar tu mente y fortalecer tu "yo" o para cultivar tu narcisismo. Tú eliges.

Elogios externos que pueden convertirse en autoelogios

Los mismos elogios que solemos dirigir a los demás podemos aplicarlos a nosotros mismos. Una categorización que puede ayudarte a comprender mejor cómo funcionan los elogios es la siguiente.

1 | Elogios impersonales

Ampliamente fomentados por la cultura de los buenos modales y la etiqueta, son considerados signos de buena educación y diplomacia. Lo que se admira en estos casos son cosas materiales que posee el individuo, sin hacer mención a ningún atributo personal y sin involucrarse uno. "Tu camisa es muy linda", "Tienes una hermosa casa" o "Tu perfume huele muy bien". La persona receptora por lo general acepta el halago del objeto material que le pertenece con un "gracias". Aunque no puede considerársele una expresión de sentimientos o afecto, es más bien un acto de cortesía, sentido o no. De todas maneras, no está de más que intentes ser cortés contigo mismo, elogiando las cosas materiales que realmente te agradan. ¡Felicítate por tenerlas!

2 | Elogios personales

En ellos se involucra parcialmente a la persona a quien va dirigido el elogio. Algunas personas se aventuran a dar un paso más en la expresión de lo que sienten y, además de referirse al objeto, tangencialmente hacen referencia a la persona. "La camisa *te* luce", "Ese peinado *te* sienta muy bien" o "Tu casa muestra que tienes buen gusto". Este tipo de elogios son de mayor exigencia, pero el compromiso del emisor del mensaje sigue siendo poco. Puedes involucrarte en tus propios autoelogios: "Esta camisa me queda bien", "Definitivamente, mi casa muestra que tengo buen gusto", "El traje de baño me sienta", "Hoy estoy muy bien vestido", "Sé elegir muy bien a mis amistades", etcétera.

3 | Elogios dirigidos a ciertas características de la persona

Aquí el compromiso del que dice el halago es mayor. "*Eres* muy inteligente", "*Tu cuerpo es* muy bello", "*Tu voz es* espectacular", "*Eres* una gran persona" o "*Eres* muy buen amigo". Como puede verse, el elogio va dirigido a rasgos, valores, características físicas o habilidades de otras personas. Busca qué cosas te gustan de ti, elógiate y, de paso, agradécete, como te agradecería cualquier persona que recibiera el halago.

4 | Elogios dirigidos a características de la persona donde el dador del elogio se involucra

Muy pocas personas son capaces de dar este tipo de halagos sin sentirse ridículos, nerviosos o inseguros, a no ser que sean personas muy cercanas y que les tengan confianza. Aquí el dador dice lo que le produce la persona. Se expresa un sentimiento asociado al elogio: *"Admiro* tu inteligencia", *"Me encanta* tu cuerpo", *"Adoro* tu sonrisa" o *"Envidio* tu alegría". La expresión de afecto dirigida a otras personas tiene tantas condiciones y requisitos en nuestra cultura que se vuelve cada vez más difícil decirle "Te quiero" a alguien sin que se sospeche alguna segunda intención. La expresión libre y franca de sentimientos positivos a las personas que nos rodean no es fácil si la cultura es poco expresiva. No obstante, estos problemas de incomodidad social no existen a la hora de autoelogiar tus características. Decirte: "Me gustan mis ojos", "Me encanta ser inteligente", "Me fascinan mis piernas" o "Soy una buena persona" no ocasiona riesgos, rechazos, ni malentendidos; depende sólo de ti.

La conclusión es evidente: *la autoexpresión de sentimientos positivos nos hace sentir bien, sencillamente porque es agradable el buen trato.*

¿Qué hacer para autoelogiarse?

El paso más importante es conectarte a un procesamiento controlado, es decir, hacerte consciente de tu diálogo interno y de lo que te dices a ti mismo. Puedes descubrir que no te dices nada (el éxito pasó inadvertido) o que te autocastigas (el éxito ha sido insuficiente para las aspiraciones que posees): "Lo debería haber hecho mejor". Recuerdo que a los veinte años, mi nivel de autoexigencia en cuestiones

académicas llegaba a límites absurdos. En esa época estudiaba ingeniería electrónica, una carrera que dejé cuando decidí ser sincero
conmigo mismo. Lo importante es que, pese a la poca vocación por
los cables y los chips, si mis calificaciones bajaban de nueve o diez
me deprimía profundamente. Mientras mis compañeros festejaban
un siete en álgebra, yo me castigaba (verbalmente) por un ocho. La
insatisfacción frente a mi propio rendimiento no daba cabida al autoelogio, porque desde mi óptica rígida era absurdo que un seis o
un siete merecieran tanto festejo. Hoy he aprendido lo indiscutible:
puedo felicitarme por lo que quiera, ya que cada uno fija sus estándares. Mi
excesiva autoexigencia era perjudicial para mi salud mental: no sólo
me generaba estrés sino también insatisfacción y tristeza.

El siguiente método te ayudará a adquirir la sana costumbre
de autoelogiarte:

a) Como ya dije, el primer paso es *hacerte consciente de cómo te
   tratas y de lo que te dices a ti mismo.* Esto se logra llevando un
   registro detallado durante una o dos semanas, donde figu-
   re el comportamiento susceptible de autoelogio y lo que te
   dices después de realizarlo.

b) El segundo paso es *estar pendiente*, ya sin anotar ni llevar
   registros, *de si te elogias o no cuando haces algo bien hecho.*
   En las etapas iniciales, el autoelogio debe ser en voz alta
   (a solas) para que te puedas escuchar: "¡Eso estuvo bien!",
   "¡Genial!", etcétera.

c) El tercer paso consiste en *autoadministrarte el autoelogio en
   voz baja, hasta que se convierta en pensamiento o en leguaje interno.* Hablarte a ti mismo en silencio, pensar bien de ti y
   decírtelo, susurrártelo a ti mismo.

d) El cuarto paso es *ensayarlo bastante, para que a través de la
   práctica se afiance y se vuelva automático,* tal como hacemos

cuando aprendemos a manejar un automóvil o escribir en la computadora. Insistamos en un punto: el autoelogio, como cualquier reforzador, debe utilizarse de manera discriminada, es decir: debe ser selectivo para que no se desgaste y pierda su poder. Tú eliges qué conducta vas a autoelogiar, pero si quieres mantener su capacidad motivadora, no lo utilices compulsiva y ciegamente. No lo malgastes. Autoelógiate cuando pienses que vale la pena, como un regalo especial. No es una dádiva que tienes que darte porque sí, sino un regalo que piensas que mereces.

Un breve resumen sobre el autoelogio

Posees la capacidad innata de hablarte a ti mismo y de comprenderte. Este diálogo encubierto, al cual sólo tú puedes acceder, tiene una enorme influencia sobre tu manera de actuar y sentir.

- Estas autoverbalizaciones tienen el poder de hacerte sentir bien (el halago, el elogio y el trato respetuoso) o mal (el castigo, la burla, el menosprecio y el irrespeto). Cuando te dices a ti mismo: "Soy capaz y por tanto debo confiar en mí", te estás autoelogiando. Si te dices: "Soy el ser más ridículo del mundo", te estás faltando al respeto y tratando mal.
- Si el autoelogio sigue a un comportamiento positivo, este comportamiento se fortalecerá y tendrá mayor probabilidad de repetirse en el futuro. Aplícalo a todas aquellas conductas que creas que valen la pena y que te hacen crecer como ser humano.
- No te elogies por lo malo o por comportamientos que no son nobles; de esta manera sólo alimentarás el esquema

negativo de fondo. Autoelogiarte por lastimar a una persona, sacar una mala calificación o traicionar a un amigo no te hace mejor sino peor.

- Finalmente, el autoelogio tiene ventajas que le son propias: es rápido, económico, se puede aplicar cuando y donde uno quiera, no se ve (pero se siente), no es criticable por los extraños, es de uso exclusivo personal y, utilizado con cautela, no se desgasta.

Darse gusto y premiarse

Ésta es otra manera de expresarse afecto a uno mismo. La autorrecompensa es el proceso por el cual nos autoadministramos estímulos positivos (cosas o la posibilidad de tener actividades) que nos agradan y hacen sentir mejor. Aunque parezca extraño, algo tan obvio, intrínseco al ser humano, se vuelve confuso y enredado para muchas personas.

Uno de mis pacientes, un señor de edad avanzada que sufría de una depresión moderada, odiaba estar en su casa y no sabía por qué. Su queja era reiterada: "¡Entro a mi casa y me deprimo, me irrito, me pongo de mal humor!". Finalmente decidí ir personalmente y conocer dónde habitaba el hombre, con el fin de hallar alguna causa que explicara su malestar. Mi exploración del lugar me llevó a descubrir varias razones, algunas en apariencia sin importancia, pero que realmente no favorecían el bienestar del anciano. Muchas de ellas, inexplicablemente, llevaban años estando en su ambiente y convivían con él como si fueran designios negativos inexorables, imposibles de eliminar. Por ejemplo: en el comedor, junto a la mesa, colgaba de la pared principal un enorme cuadro cuyo motivo eran cuatro caballos aterrados y desbocados ante una gran tormenta que recordaba el Apocalipsis. El cajón de la mesa de noche (donde guardaba sus gafas, medicinas, etcétera) estaba mal ajustado y cuando lo quería abrir casi siempre terminaba en el suelo. La pintura de las paredes del dormitorio era de un mostaza penetrante (color que él decía no soportar). La mayoría de las toallas que se utilizaban en la casa eran apelmazadas y almidonadas ("Debo comprar toallas", se prometía una y otra vez). Las cobijas eran cortas, así que se le enfriaban los pies por la noche. Le fastidiaba la nata en la leche, pero los coladores la dejaban filtrar. La cortina de la biblioteca no dejaba pasar suficiente luz, por lo que se le dificultaba leer. Una pequeña radio, que lo conectaba con el mundo, tenía problemas de sonido. Y la lista continuaba. Lo que sorprendía es que el hombre contaba con el dinero y los medios para cambiar estas cosas, pero no lo hacía. Se había acostumbrado a padecer las pequeñas e insufribles incomodidades de su entorno, o dicho de otra forma: *había perdido la capacidad de autorreforzamiento*. Todos tenemos algo de mi anciano paciente, y a veces nos metemos tanto en el sufrimiento, que llegamos a considerar que ése es nuestro estado natural. Y no me refiero a dolores terribles e imposibles de controlar, sino a cuestiones simples y cotidianas que podrían modificarse en un santiamén.

Algunos aceptan convivir con cosas que no quieren o que les disgustan sencillamente porque se sienten culpables al deshacerse de ellas. Apuesto a que en tu armario cuelga mucha ropa que no te agrada y no te pones, pero ahí sigue: zapatos pasados de moda, chamarras de cuando eras dos tallas menor, camisas percudidas y cosas por el estilo. Todos sufrimos un poco de lo que se conoce como síndrome de Diógenes y guardamos cosas inútiles o absurdas (quizás en espera de la tercera guerra mundial o vaya a saber de qué). Una amiga que tiene esta costumbre todavía almacena cuidadosamente unos manteles amarillentos y una espantosa vajilla que le regalaron el día de su boda y que nunca ha utilizado ni utilizará. Su cama cruje tanto que ella se despierta cada vez que se mueve. La razón que esgrime para no tirar la cama lo más lejos posible es la siguiente: "No es tan horrible... Puedo soportarlo". ¡Es que uno no debe vivir lo "menos horrible", sino lo mejor posible! No es una cuestión de énfasis en lo horripilante o lo soportable que sea, sino de filosofía de vida. Y esto nos lleva al siguiente punto.

La cultura del tacaño o cuando el ahorro se vuelve un problema

Muy cerca del síndrome de Diógenes se halla el culto al ahorro. Este amor desenfrenado y obsesivo por ahorrar a cualquier costo nos hace almacenar infinidad de estupideces. Un refrán dice: "Atesorar demasiado te hace vivir como pobre y tener un entierro de rico". No estoy defendiendo el descuido y la irresponsabilidad en el manejo de los bienes personales; la idea no es vivir unos cuantos años en la opulencia y los otros en la miseria más espantosa. El espíritu del ahorro es bueno si se vive con prudencia y moderación, y sin convertirlo en un fin en sí mismo; más bien se trata de una actitud previsora. Tener por tener te ubica del lado de los avaros; gastar por gastar, del lado de los derrochadores. Conozco personas ultraahorrativas con el dinero que lo coleccionan como si se tratara de estampillas.

En muchas ocasiones, aunque tengamos los recursos y la disponibilidad, dudamos en darnos gusto. A una de mis pacientes le gustaban mucho las fresas con crema, pero cada vez que compraba una porción de ellas se quedaba con ganas. Inexplicablemente, nunca había pedido dos porciones o tres o cuatro. Cuando le sugerí que se diera gusto, disfrutó mucho la tarea. Recuerdo que me dijo: "¿De verdad puedo hacerlo?". ¿Su razón para limitarse? El miedo a excederse. Otro señor, con problemas de autoestima muy marcados, solía comentarme que había traído de Italia unas aceitunas muy especiales y que le gustaría comérselas. Cada vez que abría la alacena veía unos cuantos tarros hermosos, grandes y repletos de aceitunas negras y se contenía. El problema radicaba en que cada vez que le insinuaba a su esposa que se las comieran, ella lo miraba algo extrañada porque no consideraba que fuera una "ocasión especial" que justificara probarlas (pues eran caras y de edición limitada). En una consulta, al ver su preocupación, le sugerí que rompiera sus esquemas (y los de su mujer), tomara uno de los tarros y se lo comiera con todo el placer posible; que las degustara, una a una, sin culpa ni arrepentimiento, como un niño travieso que rompiera alguna norma. Recuerdo que el hombre me miró con gran felicidad, como si yo le hubiera dado permiso, y agregó: "¡Gracias, gracias!". Cuando su mujer arremetió contra él por haberse comido dos tarros enteros él solo, el hombre respondió: "Fue sugerencia del doctor". La premisa es como sigue: si prefieres entregar tu dinero a las farmacias, los psicólogos y los médicos, no te des gustos y reprímete.

La filosofía del que se apega demasiado al dinero y a las cosas no permite el autorreforzamiento. El tacaño siempre verá la recompensa como innecesaria, debido a que dicha recompensa no producirá nada tangible. Dirá: "No es necesario ni vital, ni de vida o muerte". Pero ¿cuál es la ganancia? Placer, puro placer.

No eres la excepción: necesitas autorrecompensarte

Necesitas la autorrecompensa de cosas y actividades. Al igual que el autoelogio, ella fortalece tu autoestima y no permite que el autocastigo y la insatisfacción prosperen en tu vida. Es inútil que intentes una postura de dureza e insensibilidad como si fueras un estoico fuera de tiempo. La carencia del autorreforzamiento no te hará psicológicamente más recio ni te sacará callos: te hará infeliz. Cuando hayas hecho algo que valió la pena o simplemente porque se te dio la gana, date gusto. Ten a veces un acto de merecimiento y amor con tu persona.

Piensa por un momento en antojos que hayas tenido hace tiempo. Revisa con cuidado cuántos de ellos no has podido llevar a cabo, simplemente porque *tú* no has decidido hacerlo. En realidad, no es que no hayas podido, sino que no te has animado. No has tenido el valor de perder el norte y salirte momentáneamente de la impasible actitud ahorrativa y contemplativa del que deja para mañana lo que debería hacer hoy. Los autorreforzamientos materiales, como comida, ropa o joyas, no son los únicos. Darte gusto implica la autoadministración de cualquier cosa que te haga sentir bien y que obviamente no sea nociva para tu salud, ni para los otros ni para el mundo que habitas. Hacer actividades que te agradan, o dejar de hacer algo desagradable, es otra forma de premiarte. Hazte estas tres preguntas sinceramente: ¿cuánto te premias y te das gusto? ¿Cuánto tiempo a la semana le dedicas a tu persona? ¿Has construido un espacio motivacional agradable a tu alrededor?

El que sabe quererse deja su marca en todas las cosas. Su territorio está "diseñado" por él y para él. Empieza por lo básico: revisa algunos aspectos de tu ambiente e intenta remodelar lo que te desagrada. Piensa, por ejemplo, en tu casa, tu vida social y tu recreación. ¿Tu casa está acoplada a tus necesidades? ¿Cuántas cosas te molestan y pese a eso aún subsisten contigo? ¿Qué te gustaría hacer con tu habitación? ¿Cuántos "amigos" no son amigos realmente y siguen allí cumpliendo su papel? ¿A cuántos lugares concurres a los que no quisieras ir? ¿Cuántas comidas comes que te aterran, pudiendo comer otras cosas? ¿Planeas tu diversión? ¿Hace cuánto no sales a lugares que te agradan simplemente porque "no hay tiempo" o "no es el momento"? En fin, pregúntate si lo que has construido a tu alrededor contribuye a tu felicidad o a tu entierro en vida. Muchos dirán que no es fácil, que el siglo xxi nos lleva demasiado rápido, con estrés, consumismo y crisis de todo tipo. Pues con más razón debemos "refugiarnos" en un estilo de vida donde compensemos la adrenalina y generemos inmunidad con placer, así sea sencillo y mundano. ¡No necesitas ser millonario para hacerlo! La autorrecompensa ayuda a este fin y está en tus manos. Aplícala.

No a los cultos represivos

Como hemos visto hasta aquí, la autoestima puede fortalecerse por medio de varios recursos. Estos caminos de crecimiento, por influencia del aprendizaje social, se han visto obstaculizados debido a ciertas creencias irracionales. Hemos creado una especie de veneración por un conjunto de atributos, los cuales consideramos indispensables para sentirnos "buenas personas". Hemos pensado que estas características típicamente humanas nos dignifican y enaltecen, nos colocan por encima de otras especies vivas y nos permiten ir por la vida de manera más digna.

No obstante la buena intención de nuestros antepasados, y sin dudar que tales virtudes existan, algunas de estas ideas se han llevado a extremos perjudiciales para nuestra propia autoestima y sensibilidad. Dichas ideas ritualistas son: el *culto a la habituación*, el *culto a la racionalización*, el *culto al autocontrol* y el *culto a la modestia*. Ellos pueden convertirse en enemigos de tu autoestima. La exaltación desproporcionada de estas cuatro creencias nos lleva, tarde o temprano, al menosprecio y a la subestimación personal. Si las sigues al pie de la letra serás una persona "estable" y "acoplada al medio" y a las expectativas que la sociedad y las buenas costumbres esperan de ti. Pero algo "estable" también puede ser inmóvil, invariable, inconmovible, inalterable, definitivo y constante, algo así como un árbol o un monumento de granito. Su uso indiscriminado sólo te llevará a la "incultura" del sentimiento y a *la incapacidad de expresar lo que piensas y sientes.*

* El *culto a la habituación* te impedirá innovar y descubrir otros mundos. No te posibilitará el cambio en ningún sentido, e irremediablemente quedarás a la zaga. El universo quedará reducido a un paquete de conductas, todas predecibles y establecidas de antemano. Habituarse es acostumbrarse, insensibilizarse, endurecerse. Sacar callo es útil en ocasiones; por ejemplo en el combate, cuando se requiere espíritu de lucha y que seas valiente o te adaptes a situaciones complejas; pero hacer de ello un estilo de vida es anularte como persona. Confundirás lo nuevo con lo viejo, irás al norte queriendo ir al sur. ¿Cómo puedes recompensarte a ti mismo si has perdido el don de la sensibilidad y del asombro?

* El *culto a la racionalización* te convertirá en una especie de computadora ambulante. Filtrarás absolutamente todo sentimiento para evaluarlo y saber si es conveniente, adecuado o justificado. El procedimiento te servirá para evitar las malas emociones y mantenerlas a distancia, pero si lo exageras y quieres explicarte lo que no debe o lo que no puede explicarse, distorsionarás las emociones placenteras. Hay veces en que los porqués sobran. ¿Por qué te gusta un helado de vainilla o de chocolate? Lo más probable es que no tengas idea y lo más inteligente sería no profundizar en ello, a no ser que quieras

convertir la experiencia de degustar un delicioso helado en un problema existencial. El sentimiento amoroso será una partida de ajedrez o un problema que se debe resolver; el acto sexual, la yuxtaposición de dos órganos reproductores; un bello amanecer o atardecer será visto como la rotación de la Tierra en relación con el Sol, y así sucesivamente. No todo necesita explicación racional, así como no todo debe ser tomado con sentimentalismo de telenovela. Amo a mis hijas porque las amo, no porque sean buenas, lindas o inteligentes. Las amo y punto: lo que menos me interesa en ese amor son los porqués. Los cuestionamientos mal ubicados impiden una percepción completa y estructurada. Hay cosas que no están hechas para pensar, sino para vibrar con ellas (insisto: si no es dañino para ti ni para nadie). ¿Cómo recompensarte a ti mismo si todo debe pasar por la duda metódica y la falta de espontaneidad?

- El *culto al autocontrol* será un dique de contención para *todas* tus emociones y sentimientos. Temerás tanto excederte, que te olvidarás de sentir y gozar; poco a poco te convertirás en un estreñido emocional. Como dije antes, un autocontrol moderado y bien discriminado es imprescindible para resistir a más de una tentación destructiva; sin embargo, la clave para no alejarnos de la felicidad es evitar la "contención absoluta" que predican algunos. ¿Nunca lloras? Entonces necesitas ayuda. ¿Nunca te sales de control? Pues eres un lama iluminado o un reprimido al borde de un ataque de nervios. ¿No dejas que la ternura aflore? Entonces debes visitar a un terapeuta. ¿Cómo sabe tu pareja que la amas? ¿Lo infiere o se lo demuestras? ¿Te ríes a todo pulmón o en el mejor de los casos sólo sonríes? Si estás en el segundo caso, necesitas ayuda. La vida es una tensión interior entre los "quiero" y los "debo" y "no debo", y la sabiduría está en mantener el equilibrio necesario para discernir cuándo aflojar el freno de emergencia y cuándo no, cuándo ceder y cuándo mantenerse firme ante los principios. Repito: no sostengo que mantener cero autocontrol sea la mejor salida, pero me preocupa de igual manera intentar obtener cien por ciento de autocontrol todo el tiempo y a toda hora, como es típico en los perfeccionistas y las mentes rígidas. La indolencia y el "dejar hacer" generalizado te hacen vulnerable a cualquier adicción; el culto al autocontrol no te deja respirar, te roba vida. ¿Cómo recompensarte a ti mismo si estás encapsulado y ves en el sufrimiento algo que aguantar (o incluso algo de que enorgullecerte) y no algo que eliminar?

• El *culto a la modestia* te llevará a no valorar tus éxitos y esfuerzos. No hablo de alardear sobre tus logros, restregárselos a los demás en la cara y pavonearte con ellos; a lo que me refiero es al autorreconocimiento de tu propio potencial, sin excusas ni disculpas. Si escondes tus fortalezas en busca de la aprobación eres doblemente irracional: te niegas a ti mismo tu lado bueno y necesitas del visto bueno de los demás para funcionar. ¿Acaso te avergüenzan tus fortalezas y virtudes? La humildad nada tiene que ver con los sentimientos de minusvalía o la baja autoestima: *el humilde se estima a sí mismo en justa medida*. La "justa medida" significa: ni desmedidamente ni desconociendo las propias fortalezas. La virtud no es ignorancia de uno mismo. Si la modestia extrema se interioriza y se incrusta en la mente como un supuesto

HACIA UN BUEN AUTORREFORZAMIENTO

valor, tendremos dificultad para dejar avanzar nuestras capacidades de manera positiva. Incluso algunos se sienten culpables o incómodos de ser muy buenos en alguna actividad y desarrollan lo que se conoce como la "falsa modestia", que es peor, porque implica mentir sobre uno mismo. Sin vanidad ni egolatría, deja que tus virtudes sigan su curso: no las disimules, disfrútalas, sácales el jugo, llévalas a cabo con pasión, aunque se noten mucho. ¿Cómo recompensarte a ti mismo si ocultas tus valores?

Que tu tradicionalismo permita algunos cambios, que tu modestia deje escapar uno que otro autorreconocimiento, que tu razón deje de vez en cuando jugar a las emociones, que tu autocontrol te permita un desliz, que tu presupuesto se salga de tanto en tanto de lo previsto. Date la libertad y un espacio para moverte. Concédete permisos de actuar: buenos permisos.

Decir no a los cultos represivos significa reconocer que si determinados valores se llevan demasiado lejos, afectarán tu autoestima y te volverán más proclive a un sinnúmero de trastornos. Significa que no es conveniente tomar muy a pecho las creencias arriba mencionadas y convertirlas en dogmas de fe; te sentirás un pecador cada vez que no las cumplas al pie de la letra. Te sentirás culpable de amarte a ti mismo o de ser feliz.

Para mejorar el autorreforzamiento

La siguiente guía de acción puede servirte para acercarte a un estilo de vida que te permita reforzarte o premiarte a ti mismo con determinación y alegría:

1. Date tiempo para el disfrute

La vida no se hizo sólo para trabajar. Se trabaja para vivir, no lo contrario. Tu momento de descanso, tu recreación y tus vacaciones no son un "desperdicio de tiempo", sino una inversión en tu salud mental. No postergues tanto la satisfacción esperando "el día adecuado": así como no hay un tiempo para el amor, tampoco hay un tiempo para quererte a ti mismo; tú lo defines de acuerdo con tus necesidades. No hagas de la responsabilidad una obligación extenuante y dogmática, no te hundas en ella irracionalmente: hay momentos para la obligación sesuda e impostergable y hay otros donde sobran los "debería", las reglas y las exigencias sin sentido. No le tengas miedo al disfrute: tu alegría es la alegría del universo, dicen los místicos. Dios la pasa bien cuando tú la pasas bien.

2. Decide vivir hedonistamente

Acepta que la búsqueda del placer es una condición del ser humano. Ser hedonista no es promulgar la vagancia, la irresponsabilidad o los vicios que atenten contra tu salud; es vivir intensamente y ejercer el derecho a sentirte bien y exprimir al máximo cada momento agradable. Sería inhumano contigo mismo negarte esta posibilidad. Haz un alto en el camino y piensa qué te motiva de verdad, qué te gusta y qué no, y si en el andar monótono y plano no te has olvidado de conectarte con tus emociones positivas. Recuerda las veces que innecesaria e irracionalmente has evitado buscar el placer por creer que no era lo correcto o por miedo a excederte. O peor: ¿cuántos momentos de felicidad has perdido por creer que no los merecías? Busca en tu interior la pasión olvidada, aquella que no se extingue y que se empecina en que tu ser haga de las suyas. Si potencias tus experiencias placenteras, se abrirán nuevos horizontes y te harás inmune a la peor de las enfermedades: el aburrimiento.

3. No racionalices tanto las emociones agradables

La idea no es negar la importancia del pensamiento; de hecho, tu manera de pensar tiene influencia directa sobre tus sentimientos. El problema es que si intentas "explicarte" y comprender permanentemente los sentimientos, los obstruyes sin remedio: obstaculizas su fluidez, los inhibes, los distorsionas e impides su normal desarrollo.

Sal un día a caminar con la sencilla idea de escuchar los ruidos que te ofrece el lugar que habitas. Escucharás de todo: crujidos, voces distantes, el taconeo de una tabla movida por el viento, un carro lejano, algún pájaro, la brisa. Un idioma entendible, pero inadvertido para una mente experta en el lenguaje hablado. En los recorridos diarios, mira con detalle las cosas que conviven contigo: un cartel, una puerta, la pintura descolorida de las aceras, un arbusto, la cara de las personas, el ajetreo natural del mundo al que perteneces. ¡Estás en él! Cuando mires, no seas un inquisidor evaluativo: sólo mira y déjate llevar.

Si te sientas a comer, disfruta de tu comida como si fueras un gourmet experimentado sin título que lo avale: sólo el sabor, únicamente el sabor. Demórate un poco más en degustar los alimentos, saboréalos y déjalos en tu boca hasta que las papilas los asimilen. ¡Comer no es masticar y tragar! No comas sólo para no morirte de hambre: paladea y estimula la sensación del gusto, métete en él, siéntelo desde dentro. No necesitas un banquete: cualquier alimento, por más sencillo que sea, puede convertirse en un manjar.

Igualmente, baja los umbrales de resistencia y recupera tu olfato. Oler no es de mala educación; y no sólo me refiero a olfatear un buen vino o un perfume de marca, sino todo aquello que valga la pena, como la comida (aunque digan que no es correcto), las flores, el pelo, la brisa, los caballos, el amanecer, el humo, lo nuevo, el plástico, lo limpio, lo sucio. El olfato es uno de los principales recursos de las personas sensuales y sibaritas. El universo entero es sensual, todo entra por tus sentidos, todo explota frente a ti para que te apropies de ello por el canal que sea.

Finalmente, la totalidad de tu cuerpo posee la facultad de sentir mediante el tacto. Tu piel es el mayor de los sensores. Desgraciadamente, debido a su relación con la actividad sexual y a la actitud asumida por muchas religiones, ha sido históricamente el más castigado y censurado. No temas a tu piel: ella te pondrá en relación con un mundo adormecido por el uso de la ropa, la vergüenza y los tabúes. Te permitirá establecer un contacto más directo y a veces más impactante del que te produce ver u oír, ya que su estructura es más primitiva e intensa (nadie te abraza a la distancia, por más que el internet insista). El sentido del tacto no sólo te posibilita tocar a una persona, una superficie tersa o áspera, algo frío o caliente, sino también *ser tocado* por otro ser humano o por cualquier objeto. La piel no tiene un "significado ofensivo y vulgar", como quieren los mojigatos (a ellos también les gusta tocar y ser tocados, así se den golpes de pecho). Cuando acaricies a alguien, concéntrate en lo que sientes, en el roce, en el empalme directo; déjate llevar por la química, por cada membrana y cada poro que se abre y responde maravillosamente al estímulo que lo provoca. Juega con tus dedos lentamente, deslízalos, apóyalos, retíralos; es fisiológicamente encantador. Camina descalzo, revuélcate en la hierba, abraza algún árbol solitario, y cuando luego te bañes, no te seques inmediatamente, quédate observando cómo en tu piel se evapora el agua, siéntela correr lentamente. Sal algún día a caminar bajo la lluvia, sin paraguas y sin rumbo fijo; busca algo que jamás hayas tocado y hazlo. El contacto físico es la mejor manera de comunicar afecto: no necesitas hablar ni justificar ni elaborar ni explicar nada. Todo lo que tienes que decir queda dicho cuando lo haces genuinamente.

4. Activa el autoelogio y ponlo a funcionar

¿Temes felicitarte? ¿Te parece arrogante o pueril? ¿O quizá piensas que no lo mereces? Pues si no lo haces, estarás descuidándote psicológicamente. El autocuidado no sólo es ir al médico y hacerse un chequeo anual. Todos somos merecedores del reforzamiento, no importa de dónde venga; autorrecompensarte te renueva el espíritu y hace que tu organismo se anime a seguir viviendo mejor. Cuando logras obtener algo que para ti era difícil o te has atrevido a vencer un miedo que te incapacitaba o afrontar una situación en la cual te sentías inseguro, ¡no actúes como si nada hubiera pasado! ¡Abrázate, date un beso y reconócete como el principal artífice! Susúrrate algo al oído que resulte gratificante: "¡Bien! ¡Fui capaz!" o "¡Me comporté valientemente!" o "¡Estuve genial!". No tengas miedo, autoelogiarte de manera justa y merecida no te convertirá en un narcisista insoportable; simplemente hará de ti una persona más fuerte y más segura: *contribuirá a que funciones mejor contigo mismo*. Si no te felicitas cuando haces algo que vale la pena o alcanzas un objetivo vital, tu "yo" se sentirá relegado. ¿Suena extraño? Pues no. Ocurre a diario: hay gente que se odia, que no se soporta, que se autosabotea, que vive en discordia con lo que es, que no se tiene confianza, tal como podría ocurrir en cualquier relación interpersonal. Autoelogiarse es establecer una buena relación *intrapersonal*. Debes elegir: tu propio ser enfrentado a sí mismo (guerra interior) o tu propio ser como amigo de sí mismo (paz interior). Así que no dudes: ¡felicítate hasta agotar todos los recursos! ¡Reconcíliate contigo mismo!

5. Sé modesto, pero no exageres

No escondas tus atributos ni reniegues de ellos ("Perdón, soy inteligente"; "No quise ofenderte con mis logros"). No es tu culpa si posees alguna virtud o fortaleza que te hace triunfar en algún aspecto de la vida (no pienses en medallas o grandes galardones, sino en aquellos minitriunfos del día a día que le dan sentido a la existencia y pasan inadvertidos). Además, ¿qué otra salida tienes? ¿Perder a propósito? ¿Ocultarte tras la bambalina de la falsa modestia? ¿Negarte a ti mismo? Recuerda que la modestia y la humildad no consisten en negar tus dones ni menospreciarlos, sino en sentirlos tuyos, sin identificarte ni apegarte a ellos y sin buscar aplausos. Disfrútate a ti mismo en ese talento natural que te define, cualquiera que sea. Haz una lista de todo lo psicológico y físico que te gusta de ti y pégala por tu casa, en el automóvil, en la oficina. No olvides quién eres: no puedes ocultarte de ti mismo. Heráclito y muchos otros sabios, a lo largo de los tiempos, han sostenido que hay que permanecer lo más anónimo posible, pero no quisieron decir que debas ser ignorante de tus propias cualidades. Está bien ser anónimo para el espectáculo, para la aprobación social; anónimo para que los cantos de sirena no te endulcen los oídos e hinchen tu ego. Pero cuando estés cara a cara con tu esencia, no tienes nada que ocultar.

6. Date gusto

Conozco a gente que cuando se da gusto en algo, se siente tan culpable que luego sufre un rato para compensar y pagar el "pecado" del autorreforzamiento. ¡Entran en crisis por sentirse bien! No hablo de ser un adicto al placer y gastar el dinero que uno no tiene o hacer lo que no se debe hacer. Me refiero a rodearnos de cosas que nos gustan. La gente mezquina con ella misma suele serlo también con los demás, y por eso vive amargada. Date gusto cada vez que puedas, en lo que puedas, pero dátelo. No esperes una navidad para hacerte un regalo o hacérselo a las personas que quieres. Pasas por una frutería y ves unas hermosas y atractivas manzanas, y sabes que a tu mujer o a tu esposo le gustan: ¿por qué esperar al día en que irás de compras al mercado? Date gusto, dándoles gusto a los que amas. Llévale un detalle: su sonrisa se te contagiará. Así como hay que tener detalles con la gente, igualmente hay que darse un presente a uno mismo de tanto en tanto. Estos regalos no necesariamente son cosas físicas. Por ejemplo: "Hoy me regalaré una caminata de media hora por el parque", "Mañana visitaré a un amigo o una amiga" o "Estaré un día entero en piyama, a solas". Darte gusto es ser emocionalmente inteligente. Conozco a una persona que cuando se siente bien, se siente rara y extraña, como si no fuera ella. Está tan acostumbrada a sufrir, que sentirse bien la despersonaliza y angustia, como si su "estado natural" fuera la dolencia. Darte gusto es la conducta de autocuidado más elemental y necesaria.

7. Lucha contra la represión psicológica y afectiva

Grábatelo en la cabeza: no hay felicidad si la represión se ha instalado en tu mente. La contención generalizada empequeñecerá tu vida, le quitará la posibilidad de descubrir y descubrirte. ¡Suéltate! ¡Deja que fluyan tu creatividad, tu corazón, tu mente! Si a la gente no le gusta verte emocionalmente libre, es su problema. ¿Hace cuánto que no eres espontáneo y verdaderamente expresivo? Ser reprimido, hipercontrolado, autocrítico, perfeccionista, solemne, grave, severo, racional o intelectual trascendente hasta la médula es un síndrome, no un valor. Hay que tener pasión por vivir, hacerle el amor a la vida. Uno de mis pacientes tiene sexo con su mujer los mismos días del mes, en la misma posición y en el mismo lugar. Demasiados "mismos". Obviamente sus orgasmos y los de su mujer son siempre iguales: repetitivos, anticipados, aburridos. Hasta el más grande de los placeres puede perder fuerza si nos habituamos a él y somos rutinarios. "Repetir la repetición" hasta el hartazgo y resignarnos a ella: ése es el secreto de la infelicidad. Lo contrario: una pizca de locura, un viaje sin programar, un amor inesperado, el poema que escribimos sin ser poetas, el descaro de estornudar en una biblioteca a todo pulmón porque pudo más el impulso que la regla, en fin, salirse de los cabales inofensivamente. Sé qué estás pensando: "Los adultos no jugamos". ¡Mentira! Lo hacemos mentalmente todo el tiempo: fantaseamos, sublimamos y nos morimos de ganas de volver a correr sin rumbo por cualquier sitio, tener amigos imaginarios, reírnos hasta estallar. Envidiamos a los niños, su naturalidad, su increíble franqueza; ésa es la verdad. La buena noticia es que tu esencia no muere; duerme, pero no desaparece. Sólo toca despertarla, remover el cuerpo y el alma para que aflore y vuelva a hacer de las suyas.

HACIA UNA BUENA AUTOEFICACIA

Nadie puede hacerte sentir inferior sin tu consentimiento.

Eleanor Roosevelt

Como vimos en la primera parte, el autoconcepto puede verse maltratado por la trampa de establecer metas irracionalmente altas y por una ambición desmedida. Es decir, funcionar con un estilo demasiado competitivo, autocrítico y estricto con el propio rendimiento conducirá al fracaso adaptativo: el resultado será un autoconcepto apagado y endeble.

Sin embargo, no exigirse es tan malo como exigirse de más. El extremo opuesto de quienes buscan el éxito a toda costa para sentirse realizados lo constituyen aquellas personas cuyas metas son pobres, vacilantes e inseguras, que desfallecen ante el primer obstáculo y se muestran indecisas ante los problemas. Así como la autoexigencia desmedida destruye y castiga la autoestima, la falta de ambición impide el crecimiento psicológico: es tan malo ser obsesivo como tirar la toalla antes de tiempo. Los retos y los propios desafíos son el alimento principal con los cuales se nutre el autoconcepto e incluso le dan sentido a la vida. Si no posees metas, son demasiado diminutas o no enfrentas los problemas, tu "yo" no podrá desarrollarse adecuadamente: sobrerrevolucionar el motor es tan malo como no ponerlo en marcha. Entonces, uno de los principales enemigos para crear un buen autoconcepto es la falta de confianza en uno mismo, la manía de crear expectativas de fracaso o pensar que uno no es capaz. *Si desconfías de ti, no podrás amarte.*

A la confianza y convicción de que es posible alcanzar los resultados esperados se le denomina *autoeficacia*. Una baja autoeficacia te llevará a pensar que no eres capaz, y una alta autoeficacia hará que te sientas seguro de alcanzar tus objetivos, o por lo menos de luchar por ellos. Si no crees en ti mismo, entrarás en un círculo vicioso de mal pronóstico: *tus retos personales serán pobres, evitarás enfrentar los problemas y desertarás al primer obstáculo que se interponga, lo que reforzará a su vez tu baja autoeficacia ("No soy capaz") y perderás autoexigencia.* Una espiral descendente que puede seguir retroalimentándote negativamente por años. Por el contrario, una alta autoeficacia hará que tus metas sean sólidas, te permitirá persistir ante los imponderables y afrontar los problemas de una manera adecuada; lucharás por lo que crees, de manera segura y persistente, no importa que ganes o no.

La autoeficacia es básicamente una opinión afectiva de uno mismo. Muchas personas pueden pensar que poseen las competencias y capacidades necesarias para obtener determinados resultados y aun así no estar convencidas de alcanzar exitosamente las metas. Imaginemos a un atleta próximo a realizar un salto con garrocha donde hay en juego una medalla de oro. Supongamos que el competidor está seguro de poseer las habilidades necesarias para una ejecución exitosa, un buen entrenamiento, un excelente estado físico y el público a favor. Consideremos además que en los entrenamientos ya había superado la marca a la cual se enfrenta. Todo está a su favor. Sin embargo, de pronto e inexplicablemente, él duda. Se pregunta a sí mismo lo que jamás debería preguntarse: "¿Seré capaz?" o "¿Y si me equivocara en el salto?". Si la duda crece y se mantiene, generará ansiedad y tensión, sus músculos no responderán y el salto no será bueno. Y ahí comenzará su *via crucis*: posiblemente en la próxima competencia anticipará el fracaso debido a pensamientos similares de desconfianza en sí mismo. La pregunta se convertirá en afirmación: "No soy capaz", aunque todo esté a su favor.

Tres causas de la baja autoeficacia

La expectativa de ser exitoso no sólo implica, como aparentemente podría pensarse, un análisis racional y frío de las posibilidades objetivas de éxito (expectativas de resultados), sino también la valoración subjetiva de qué tan capaz se siente el sujeto (expectativa de eficacia). Como cualquier creencia, esta última valoración también es cuestión de fe y de confianza. Queda claro que la desconfianza en el propio "yo" barre con las capacidades y las habilidades de cualquiera. En mi consulta psicológica veo a diario a personas que, aunque poseen todos los recursos necesarios, fracasan porque su autoeficacia es débil. Más aún, una mayoría considerable de ellas ni siquiera intenta luchar por sus metas; su argumento es: "No seré capaz de hacerlo, ¿para qué intentarlo?". Cuando se les plantean las altas probabilidades de éxito, mostrando que los pro son más que los contras y que poseen las competencias e inteligencia necesarias, suelen contestar: "Usted tiene razón... Tengo todo a favor, pero no me tengo confianza". Si se les presenta la alternativa de intentarlo de todas maneras y arriesgarse a ver qué ocurre, insisten en su oscuro vaticinio: "Para qué, *yo sé* que me va a ir mal".

¿Cómo pueden llegar los seres humanos a dudar de sí mismos y a resignarse ante el sufrimiento y la adversidad sin intentar producir cambios, cuando existe la posibilidad de lograrlo? ¿Cómo se organiza un autoesquema de "perdedor"? ¿Por qué se hacen anticipaciones negativas del propio rendimiento en situaciones fáciles y potencialmente exitosas? ¿Por qué algunas personas se inmovilizan ante la posibilidad de superar las dificultades, pudiendo hacerlo?

Aunque las respuestas son variadas y múltiples, las investigaciones en psicología cognitiva indican que, al menos, tres factores parecen estar asociados a la poca confianza en uno mismo: la *percepción de que ya nada puede hacerse*, el *punto de control* y los *estilos de atribución*. Veamos cada uno por separado.

La percepción de que ya nada puede hacerse

La imposibilidad de modificar un evento doloroso o estresante logra generar depresión y desconfianza en uno mismo. Si estás en una situación dañina para ti y piensas que nada de lo que hagas podrá cambiarla, ese solo pensamiento mermará tus fuerzas y te llevará a la desesperanza. Por ejemplo, es posible que una historia de fracasos continuos produzca una percepción de incapacidad y que empieces a considerar el obtener éxito como algo muy poco probable. La experiencia de no tener el control ("Ya nada puedo hacer") tiene un efecto demoledor sobre la conducta de lucha en las personas, y más aún si son poco resistentes o resilientes.

Veamos un experimento clásico de psicología experimental realizado con animales hace algunos años. En una caja que no presentaba posibilidad de escape y cuyo suelo estaba formado por una rejilla conectada a una fuente de electricidad, se situó a varios perros pequeños. El experimento consistía en dar choques eléctricos inescapables e impredecibles para los animales y observar su respuesta. Al comienzo, los perros intentaban escapar: saltaban, ladraban, corrían por la caja, etcétera. Sin embargo, al cabo de un tiempo, comenzaban a mostrar una conducta pasiva: se quedaban inmóviles y aislados, se veían tristes y dejaban de comer; parecían "resignados" a su suerte. El experimentador decidió, entonces, cambiarlos a una nueva caja a la cual se agregó una puerta para que pudieran escapar si recibían las descargas. Era de esperar que ante la nueva posibilidad de huida los perros aprendieran a evitar los choques eléctricos y salieran por la puerta. Pero no fue esto lo que ocurrió; para sorpresa de todos, los animales seguían soportando el castigo, y pese a repetir los ensayos una y otra vez, los perros no escapaban a los choques. Ignoraban la nueva alternativa de escape y se resistían a salir del lugar. La única forma de que aprendieran a evitar los choques eléctricos fue llevarlos a la fuerza un sinnúmero de veces fuera de la caja, y sólo así "comprendieron" que la puerta abierta era realmente una alternativa de alivio y solución. La única terapia para los perros fue "mostrarles" en los hechos e insistentemente que estaban "equivocados". Los investigadores interpretaron que este fenómeno, al cual llamaron *desesperanza aprendida*, era causado por una percepción de que nada podía hacerse por parte de los perros, ya que las descargas eran incontrolables por ellos. Es decir, los animales obraron como si hubieran percibido que sus esfuerzos eran inútiles e ineficaces para controlar el castigo y, simplemente, se resignaron al dolor agobiante; pensaron que "hicieran lo que hicieran, nada podía salvarlos": veían la puerta, pero no el escape que proporcionaba la misma.

Otros experimentos realizados en humanos ante situaciones donde los implicados perciben que no tiene control sobre alguna situación negativa distinta del choque eléctrico han arrojado resultados similares: *la percepción de no control de eventos aversivos produce una baja en la autoeficacia o en la confianza en uno mismo.* Una mala racha suele ser suficiente para generar sentimientos de inseguridad. De manera similar, si el fracaso se ve como ineludible, sobrevendrán sentimientos de ineficacia que podrán ser generalizados a nuevas situaciones. El sujeto llegará a considerarse inepto para hallar prácticamente cualquier solución, y aunque ésta se le presente como alternativa viable, y a veces en las propias narices, la descartará por considerarse él mismo incompetente.

Afortunadamente, como veremos más adelante, puedes modificar este panorama desalentador si decides atreverte a enfrentar los problemas y a correr riesgos. Lo que jamás debes perder es tu capacidad de lucha. Como decía Hermann Hesse: "Para que pueda surgir lo posible, es preciso intentar una y otra vez lo imposible". Mientras estés en la pelea, siempre habrá una esperanza de la cual puedas aferrarte; y si pierdes o no alcanzas lo que esperabas, por lo menos lo habrás intentado. No te sentirás cobarde ni sentirás culpa ni empezarás a padecer el síndrome del desertor.

El punto de control interno

Estar sometido a situaciones incontrolables y catastróficas, como un terremoto, una inundación o una guerra, no son la única causa de baja autoeficacia. A veces, el no intentar modificar los eventos nocivos y desagradables se debe a creencias culturalmente aprendidas.

De acuerdo con el lugar donde ubiquen la posibilidad de gestionar su propia conducta, las personas pueden ser consideradas con "orientación interna" o con "orientación externa".

- Los individuos que se mueven por un manejo *interno* colocan el control dentro de ellos mismos; dirán que son ellos quienes guían su conducta y que son los principales responsables de lo que les ocurra. Asumen el destino, no como algo dado desde fuera, sino como algo que deben construir por su propio esfuerzo y constancia; por tanto, no suelen echarle la culpa a otros de lo que acontezca con su vida. Desde este punto de vista, son realistas, perseverantes y no tienden a darse por vencidos fácilmente.

- Por su parte, las personas *orientadas externamente* creen que sobre su conducta operan una cantidad de eventos y causas que escapan de su control y frente a los cuales no puede hacerse nada. Por ejemplo: la suerte, los astros, los ovnis, el destino, etcétera. Suelen ser personas fatalistas y resignadas ante la adversidad. Su pensamiento es inmovilizador: "Nada puede hacerse; así lo quiere el destino" o "Para qué intentarlo". Si esta creencia es generalizada, verán los intentos de modificar el ambiente negativo como infructuosos o como una pérdida de tiempo inútil que a nada conducirá. La mayoría de las veces, actuar con un punto de control externo desemboca en una baja autoeficacia.

La posición que asuma cada quien frente a lo que depende de uno y lo que no depende de uno está determinada en gran parte por el aprendizaje social, los modelos y el sistema de valores de los grupos familiares y culturales. Podríamos preguntarnos por la fe o la esperanza, y la respuesta que ofrece la psicología es que si actúan de manera realista o al servicio del crecimiento personal, es decir, sin negar el verdadero ser, son poderosas fuentes de motivación. El refrán: "A Dios rogando y con el mazo dando" es un buen ejemplo de lo que quiero decir. Sentarse a esperar que las cosas nos caigan del cielo no es una buena actitud. Es mejor saber discernir cuándo actuar de acuerdo con un punto de control interno y cuándo dejarse llevar por lo externo; en este tema, el punto medio es más saludable, sin duda. La sabiduría antigua se acerca bastante a esta premisa.

Tú eres el que escribe tu destino. Dios, el universo o la vida te han dado la tinta y el papel para hacerlo, pero tú lo escribes. Tienes el poder del pensamiento y el don de la inteligencia, no para que seas víctima sino triunfador. Si acaso tienes la tendencia a dejarte llevar por un punto de control externo, revisa la creencia, vuélvela más flexible y racional; si crees en Dios, piensa en él como un asesor o como un padre que respeta la libertad de sus hijos; si crees en los astros, piensa que ellos se equivocan demasiado; si tu horóscopo ha salido "malo", desafíalo. Las cosas dependen de ti más de lo que crees, aunque a veces te parezca una carga. Y si tienes fe en algo o alguien, que sea un motor y una fuente de convicción de que eres capaz de funcionar por el mundo sin tantas muletas; que esa fe no sea el reclinatorio de los cómodos.

Los estilos de atribución

Cuando estamos ante situaciones de éxito o fracaso, los humanos hacemos interpretaciones sobre las causas del hecho en cuestión. Tratamos de entender lo ocurrido buscando explicaciones causales de *cómo*, *dónde*, *cuándo* y *por qué* nos ocurren las cosas. Pues bien, esta capacidad de explicarse los hechos puede convertirse en un arma de doble filo que, mal utilizada, afecta negativamente nuestra autoeficacia.

Veamos un ejemplo de cómo una situación de éxito en un examen puede ser interpretada de distinta manera por dos adolescentes que utilizan estilos de atribución opuestos.

- El adolescente uno dice: "Realmente había estudiado mucho. Si estudio así todo el tiempo, me irá bien en los otros exámenes y probablemente en toda la carrera".
- El adolescente dos dice: "El examen estaba demasiado fácil; no creo que los otros exámenes sean así. Siempre son más difíciles".

El adolescente uno atribuyó el éxito a sí mismo, a su esfuerzo y perseverancia en el estudio, e interpretó, además, que el éxito se reflejará en otras materias y será duradero en el tiempo. Conclusión: *el éxito dependió de él*. El adolescente dos atribuyó su éxito a factores externos (la facilidad del examen) y pensó que en el futuro los exámenes no serían tan fáciles o no tendría tanta suerte. Conclusión: *el éxito no dependió de él, sino de la escasa dificultad del examen*. El primer adolescente se motivó a seguir adelante y a confiar en sí mismo, mientras que el segundo no confió en sus capacidades. El primero fortificó su autoeficacia. El segundo le dio un duro golpe a su autoestima.

En situaciones de fracaso podría ocurrirte algo similar. Si dices: "El fracaso dependió *de mí*, será *igual siempre* y *en toda situación*", te sentirás luego incapaz de enfrentar la vida. Habrás hecho de tu futuro una oscura profecía. Pero si en cambio te dices: "El fracaso dependió de mí *sólo en parte, no tiene* por qué ser *siempre* así", te sentirás capaz de intentarlo de nuevo. Harás de tu futuro una profecía de esperanza. Amarte a ti mismo es reconocer tus éxitos y no castigarte ni despreciarte por tus fracasos, sino tomarlos con beneficio de inventario para tratar de no recaer en ellos y aprender.

Repitamos y aclaremos. Las personas que utilizan un estilo de atribución pesimista y negativa *se sentirán responsables de los fracasos pero no de los éxitos*. Por su parte, la gente que hace uso de atribuciones *racionales, optimistas* y *positivas* tenderá a evaluar la situación de manera objetiva y se hará responsable de los fracasos o los éxitos de manera constructiva. La idea no es atribuirte lo que no te corresponda y ser irracionalmente optimista o distorsionar la realidad a tu favor; no se trata de apropiarte de los éxitos ajenos y echarles la culpa del propio fracaso a los demás. Si ése es el caso, tu autoeficacia no crecerá adecuadamente sino que se inflará como un globo hasta reventar. Salvar la autoeficacia y el autoconcepto a costillas de otro o negando la verdad no es una salida sana para tu integridad psicológica. Quererte a ti mismo de manera saludable es hacerlo de manera honesta.

El problema de la evitación

En cierta ocasión, cuando tenía diez años, salí a caminar por el barrio con una vecinita a la cual yo consideraba "mi novia", y supongo que ella me consideraba "su novio". Al llegar a una esquina donde solían reunirse una serie de muchachos mayores que no pasaban de una edad adolescente, uno de ellos levantó la falda de mi amiguita y le acarició la nalga. Al ver el tamaño de mi oponente y el festejo de sus acompañantes ante la hazaña, sólo opté por agachar la cabeza y seguir caminando junto a ella como si nada hubiese pasado. El trayecto de regreso se hizo interminable. Al llegar a casa mi padre me vio evidentemente preocupado y me preguntó qué había ocurrido. Cuando le expliqué lo sucedido entre lamentos y autorreproches, me miró fijamente a los ojos y dijo: "Mira, hijo, lo que te acaba de pasar es sumamente incómodo. A mí también me ocurrió algo similar alguna vez. Si dejas que el miedo te venza, te sacará ventaja". Luego de meditar unos segundos, agradecí el consejo y me levanté rumbo al televisor. Pero yo no había entendido bien la cosa. Mi padre me tomó del brazo y explicó con voz firme: "No me has entendido. Tienes dos opciones. O sales a enfrentar a esos idiotas o te las ves conmigo". Realmente no dudé mucho de la elección. Mi padre era un napolitano inmigrante de la segunda guerra mundial que cuando se enojaba era de temer. Opté entonces por la salida más digna, aunque obligada, de salvar el honor mancillado. Así lo hice: regresé y los enfrenté. Está de más decir que la hinchazón y lo morado de los ojos me duró varios días. Sin embargo, también debo reconocer que valió la pena. Mi amiguita descubrió en mí a un verdadero príncipe azul, levanté mi prestigio frente a mis amigos, y otras niñas comenzaron a mostrarse interesadas por esa mezcla rara de amante latino y aprendiz de pequeño karateca. Pero lo más importante fue la enseñanza que me dejó la experiencia en el aspecto psicológico. Luego de la pelea, mi padre me estaba esperando con hielo, aspirinas y cierto aire de orgullo mal disimulado. "Muy bien —me dijo—, es preferible tener un ojo hinchado que la dignidad maltratada." Esa noche dormí como nunca lo había hecho antes.

Maquiavelo dice: "Los fantasmas asustan más de lejos que de cerca". Es verdad. La única manera de vencer el miedo es enfrentarlo. De igual modo, no hay otra forma de solucionar un problema que afrontarlo abiertamente y con la menor cantidad posible de subterfugios. Sin embargo, pese a las ventajas comprobadas de los métodos de la exposición en vivo de lo que tememos, los humanos nos resistimos a pagar el costo de tal superación, porque es incómoda. Optamos por el camino más fácil: el alivio que nos produce la evitación y la postergación.

La evitación impide que el organismo esté expuesto el tiempo suficiente para vencer el miedo, refutar las creencias irracionales que nos empujan a actuar inadecuadamente o solucionar el problema de que se trate. Enfrentarse a cosas desagradables es molesto y puede llegar a ser doloroso, pero es el precio para modificarlas y vencerlas. ¿Qué opinarías de alguien que prefiriese no curarse su amigdalitis, sabiendo las graves consecuencias de una fiebre reumática, por no soportar el piquete de una inyección?

En los trastornos graves de pánico, está comprobado que la mejor estrategia terapéutica es la exposición a la fuente fóbica. En estos casos, cuando el sujeto se somete al miedo, la adrenalina se dispara y produce determinadas reacciones fisiológicas como taquicardia, sudor, cambios de temperatura, náuseas, mareos, etcétera. Estas sensaciones son incómodas, pero después, si se logra mantener la exposición el tiempo suficiente, disminuyen, se agotan y el organismo se habitúa al objeto temido. Esto se denomina *extinción del miedo*. Por desgracia, no soportamos el tiempo necesario de acostumbramiento y escapamos antes de que la extinción ocurra. Si quieres superar tus inseguridades, debes ponerte a prueba y exponerte. Debes arriesgarte y someter a contrastación las ideas infundadas o erróneas que tienes sobre ti mismo. Si haces de la evitación una costumbre, nunca sabrás valorarte.

La baja autoeficacia produce efectos similares a los arriba mencionados. Los sentimientos de inseguridad que produce la idea de que uno es incapaz impiden que se persista el tiempo necesario para superar los inconvenientes, debido a que cualquier obstáculo será visto como un abismo infranqueable del cual hay que alejarse rápidamente. Con esta manera de obrar, las anticipaciones catastróficas de fracaso absoluto nunca podrán ser rebatidas y contrastadas en la práctica.

¿El peligro es real?

La evitación no siempre es inadecuada. Es indudable que el escape y la evitación son las mejores opciones cuando el peligro, físico o psicológico, es *objetivo y realmente* dañino. Supongamos que alguien te dice que en la habitación contigua se encuentra un león hambriento próximo a derribar la puerta, e inmediatamente escuchas un terrible y estruendoso rugido. El león, *objetivamente*, puede hacerte daño. Si te ven correr ante el animal enfurecido, la gente opinará de ti: "¡Miren qué hábil es!". Pero si te dicen que hay un pequeño gatito blanco detrás de la puerta, y luego de ahogar un grito y ponerte pálido, sales aterrorizado, las personas que te observen correr ante el inofensivo animalito dirán: "¡Se le aflojó un tornillo!". El gatito, *objetivamente*, no puede hacerte daño, aunque lo percibas como el más feroz de los depredadores. A este miedo los psicólogos lo llamamos fobia, un temor *irracional*, mientras que el terror y el posterior escape ante el león es considerado *adaptativo* porque ayuda a la supervivencia personal y de la especie. Los condicionamientos y aprendizajes responsables de la evitación han sido muy importantes para la especie humana. Muchos de nuestros miedos son "preparados" o heredados, porque le servían a nuestros antecesores prehistóricos. La evitación era (y es) una forma de defensa anticipada de los depredadores potenciales. Sin embargo, algunas personas poseen un "detector" de peligros demasiado sensible y, en consecuencia, ven el mundo como supremamente amenazante.

Si estás ante una situación difícil, pero importante o vital para ti, pregúntate lo siguiente: "Si enfrento la situación, ¿las consecuencias que temo son reales? ¿Objetivamente puede pasarme algo grave e irremediable? ¿Mi 'detector' no está exagerando las consecuencias? ¿Lo que hay en juego lo justifica? ¿La meta propuesta es alcanzable o inalcanzable? ¿Hay probabilidades de obtener lo que busco?". Si objetivamente no puede pasarte nada, no lo dudes: ¡arriésgate! Si la probabilidad de recibir consecuencias negativas es muy alta, y no hay en juego nada vital, piénsalo.

Si crees que no eres capaz y te tienes lástima, concédete la oportunidad de demostrarte a ti mismo lo que puedes hacer. El intento será incómodo al principio, sentirás miedo, dolor y malestar, pero habrá en juego algo mucho más importante que tu estado fisiológico: tu autoestima, tu autoeficacia, lo que piensas y sientes respecto de ti. El autorrespeto y la dignidad asociada merecen el "sacrificio" del piquete inicial. Enfréntate a lo que temes aceptando que debes pagar el costo de sentirte mal un instante; es sólo un instante. La evitación te provee alivio inmediato, pero a largo plazo terminará reforzando tus autoesquemas de inseguridad y minusvalía. No cabe duda: es mejor un ojo morado.

Para vencer la baja autoeficacia

Resumiendo lo dicho hasta aquí: la autoeficacia es la "opinión cognitivo-afectiva" que se tiene sobre la posibilidad de alcanzar determinados resultados, es decir, la confianza en que uno pueda conseguir las metas exitosamente. Como vimos, las causas más comunes que contribuyen a que la autoeficacia baje son: ver las cosas como *incontrolables*, creer que la propia conducta está regulada *más por factores externos que por uno mismo* y *atribuirse injustamente* la responsabilidad sobre lo malo más que sobre lo bueno que somos y sobre nuestros logros personales. Cualquiera de estos tres factores genera un autoesquema de desconfianza e inseguridad en uno mismo, lo que lleva a evitar las situaciones de reto, problemas o cualquier evento que implique la intervención personal para su solución. La persona hará de la evitación una forma de vida.

Las siguientes estrategias te permitirán afrontar la baja autoeficacia o conservarla en un punto adecuado.

1. Elimina el "No soy capaz"

Si te menosprecias, tu diálogo interno obrará como un freno. Elimina de tu repertorio el "No soy capaz", porque cada vez que te lo repites confirmas y refuerzas tus sentimientos de inseguridad; esta calificación negativa, automáticamente, te inmovilizará. Si el entrenador del atleta antes mencionado le dijera al oído y en el momento justo de saltar: "No eres capaz", ¿crees que su resultado sería bueno? Muchas personas han vivido en carne propia los efectos de la desconfianza familiar: "El niño no es capaz, mejor hazlo tú". ¿Cómo te sentirías si en el trabajo tu jefe eligiera darle un encargo especial a un compañero tuyo con el argumento de: "Le di el trabajo a Juan porque usted no es capaz"? Aunque no seas consciente de ello, las consecuencias psicológicas de decirte a ti mismo: "No soy capaz" son tan contraproducentes como cuando te lo dicen otras personas. Si te dices: "Soy un inútil", "Soy un fracasado", "Soy un idiota", terminarás siéndolo.

Cada vez que te encuentres rumiando el nefasto "No soy capaz", aléjalo y expúlsalo de tu mente. Detén el pensamiento, diciéndote: "¡Para!", "¡Basta!", "¡No más!". Cambia de actividad, habla por teléfono, escucha música, canta en voz alta u orienta tu diálogo positivamente, pero no dejes que un pensamiento negativo arrastre otro y tu mente se convierta en una cadena de pensamientos autodestructivos. Por ejemplo, puedes decirte: "Esta manera de hablar no es sana para mi salud mental. *Nadie es totalmente capaz o incapaz.* Además, debo darme otra oportunidad. Esta forma de tratarme me inhibe, me vuelve inseguro y dubitativo. Ya es hora de que empiece a respetarme y a tratarme bien: *si me lo propongo, seré capaz*".

2. No seas pesimista

Las personas con baja autoeficacia anticipan el futuro negativamente y, cuando se trata del propio rendimiento, sus expectativas son de fracaso e incapacidad. Siempre se ven a sí mismas como las peores actrices o actores de la película. Si ven venir el fracaso en cada una de sus actuaciones, ni siquiera les provocará intentar remediarlo. Las profecías negativas suelen convertirse en realidad, porque nosotros mismos nos encargamos de que se cumplan. Por ejemplo, si te dices: "Me va a ir mal", la motivación, la tenacidad y la perseverancia necesarias para alcanzar la meta flaquearán, no tendrás la energía suficiente y tu predicción se cumplirá, ¡pero por culpa tuya! Cuando te encuentres haciendo demasiados malos pronósticos sobre tu futuro, pregúntate si eres realista o no. Y una vez que hayas hecho tus predicciones, sean buenas o malas, acostúmbrate a verificar luego su validez; contrástalas con la realidad y comprueba si tenías razón o no.

El método de cotejar las hipótesis con los datos objetivos te hará descubrir que tus anticipaciones no suelen ser tan exactas y que a la larga tus dotes de oráculo dejan mucho que desear. La costumbre de examinar las anticipaciones con la realidad te permitirá pulir y perfeccionar los procesos de deducción hacia el futuro.

Lleva un registro detallado sobre los aciertos y fallas en tus conjeturas. Si una anticipación no se cumple dos, tres o cuatro veces, descártala y ya no la utilices. Si te dices, por ejemplo: "Soy muy malo para conversar y las chicas o los chicos se aburren conmigo", somete a examen tal anticipación. Define exactamente lo que esperas que ocurra: "Se burlarán" (se reirán, harán gestos y muecas), "Se aburrirán" (bostezarán, se querrán ir rápido y no hablarán), "No volverán a salir conmigo", y cosas por el estilo. Utiliza categorías definidas y claras, que puedas realmente verificar o refutar. Luego de salir varias veces con distintas personas podrás comparar lo que esperabas con lo que *verdaderamente* ocurrió. Si no se burlaron, no parecieron aburrirse y volvieron a salir contigo, tus anticipaciones catastróficas no se cumplieron. Y si se cumplieron, tienes un problema que resolver, con o sin ayuda profesional, que no es el fin del mundo porque *puede arreglarse*.

Somete a verificación tus predicciones, sin trampas. Recuerda que muchas veces, de manera inconsciente, hacemos todo lo posible por sabotearnos a nosotros mismos y facilitar que nuestras profecías se cumplan. La premisa central es como sigue: *intenta desarrollar en ti la sana costumbre de autoevaluar tu capacidad de dar malos pronósticos.* Te agradará saber las veces que te equivocas y lo mal vidente que eres.

3. No seas fatalista

Eres el arquitecto de tu futuro, aunque suene trillado y no te guste (porque es más fácil confiar en que un ángel se encarga de ti). Por lo menos estarás de acuerdo en que, en una gran proporción, construyes tu destino. Por tanto, tienes el poder de cambiar muchas cosas. No veas el mundo como inmodificable y fijado de una vez para siempre, gobernado por leyes que te impiden cambiar las situaciones que te incomodan. Si tienes un punto de control externo para todo, tenderás a ser fatalista y verás los infortunios como incontrolables.

Quita de tu repertorio verbal la palabra *siempre*. El pasado no te condena; de hecho, tu presente es el pasado de mañana, y por tanto, si cambias en el aquí y el ahora, estarás contribuyendo de manera significativa a tu destino. Es cierto que los acontecimientos de tu niñez y adolescencia tienen influencia sobre ti, sería absurdo negarlo, pero esta influencia es *relativa* y *modificable* (no eres un animalito de laboratorio expuesto a los caprichos del experimentador). Los humanos, afortunada o desafortunadamente, tenemos la posibilidad de construir nuestra historia de manera activa y participativa y reestructurar nuestra manera de procesar la información: *no estamos predestinados al sufrimiento.*

Si haces demasiado hincapié en el azar y la suerte, tu autoeficacia no podrá crecer porque verás obstáculos insalvables por todas partes. Cuando hagas tus balances de costo-beneficio, inclúyete tú mismo como el principal recurso de afrontamiento. El futuro no está sentado esperando que llegues a él, sino aguardando a que lo fabriques.

Un día cualquiera toma la decisión de programarte positivamente. Piensa que durante ese día serás el dueño de tu vida y el único juez de tu propia conducta. Podrás hacer y deshacer a tu gusto. Ese día serás el músico y el director de orquesta, y dirigirás tus pasos con la firme convicción de que eres tú, y *sólo tú*, el artífice de lo que quieres conseguir. Siéntete, aunque sea un día, *dueño de ti mismo*. No habrá horóscopos ni guías externas; serás radicalmente interno y desafiarás los pronósticos negativos, provengan de donde provengan. Harás tu propia cábala y jugarás a ser tú mismo sintiéndote ganador. Ensaya un día. Si te gusta, seguirás intentándolo, puesto que no hay mejor sensación que sentirse el principal motor de la propia vida. Dueño de ti, enamorado de ti.

4. Trata de ser realista

Tres puntos para que reflexiones al respecto:

a) Si todo lo ves con la óptica "externa", nada dependerá de ti. El éxito no te provocará satisfacción y nada harás frente al fracaso.

b) Si evalúas todos los éxitos con un punto de vista "externo" y los fracasos como "internos", te derrumbarás hasta la depresión.

c) Si atribuyes todos los éxitos como "internos" y los fracasos como "externos", te engañarás a ti mismo. No te deprimirás, pero serás deshonesto. Éste no es un optimismo sano.

Trata de funcionar privilegiando el punto de control interno, pero de manera realista. Sé objetivo con tus éxitos y con tus fracasos. Responsabilízate de las cosas con las que *realmente* has tenido que ver y no de lo que te gustaría que fuera. Los puntos *a* y *b* representan la forma típica de cómo piensan las personas con baja autoeficacia: muy pesimistas. El punto *c* muestra la estructura psicológica de aquellas personas que aparentemente poseen una alta autoeficacia, pero falsamente construida.

Acepta tus éxitos, ya que sería injusto contigo desconocer tus logros; pero también acepta tu cuota de responsabilidad en los fracasos. Esto te permitirá sentarte a disfrutar las victorias sin culpa ni remordimiento y a superar la adversidad sin falsas expectativas. Toma lápiz y papel, pues el lenguaje escrito permite un mejor análisis, y escribe tu contribución real a lo bueno y lo malo que te ocurre. Insisto: *tu* contribución sin que entre nada más ni nadie más. No te apresures a echarte la culpa, piensa bien y balancea los hechos: qué hiciste y qué pensaste. Felicítate por tus logros y repasa tu cuota en el fracaso para intentar modificarla y no autocastigarte. Recuerda que las cosas nunca son totalmente buenas o malas (quita las palabras *siempre*, *nunca*, *todo* y *nada*). Si sólo ves lo inadecuado en ti, el saldo será espantoso y tu autoestima recibirá un gran golpe. Si sólo ves lo bueno, serás un mentiroso que vive aferrado a su ego.

5. No recuerdes sólo lo malo

La visión negativa de uno mismo se alimenta principalmente de los recuerdos; por tanto, si el esquema que tienes de ti es negativo, los recuerdos que llegarán a tu mente confirmarán este esquema y recordarás más lo malo que lo bueno. Si tu autoeficacia es baja, los fracasos estarán más disponibles en tu memoria que los éxitos.

Toma consciencia de ello y no entres en el juego de las evocaciones negativas.

Durante algunos minutos al día, intenta activar tu memoria positiva. Descubrirás la existencia de una gran cantidad de buena información acerca de ti mismo que habías olvidado, cosas positivas que hiciste con tu vida y con los demás, actos de valentía, de defensa de tus derechos, de amor, de alegrías. Escribe y anota los éxitos del pasado y trata de que se mantengan activos y presentes, sin subestimarlos, sin decirte: "No fue nada". Aprende a degustar el pasado y a revivirlo en sus aspectos agradables. A nadie le gustaría ver varias veces una mala película, así que no vuelvas obsesivamente sobre lo negativo. El pasado te espera para que lo rescates y te reivindiques a ti mismo.

6. Revisa tus metas

Si tu autoeficacia es baja, pecarás por defecto y no por exceso (como vimos en la parte de autoconcepto, esto último ocurre cuando tu mente busca afanosamente la ambición). Estarás subestimándote y acomodando las metas a la supuesta incapacidad que percibes en ti mismo. Los dos extremos son perniciosos: si crees que eres invencible, te harás trizas; y si te sientes incapaz, tus objetivos serán tan pobres que solamente intentarás dar un paso o dos. Revisa tus metas y verás que muy probablemente pueden estirarse un poco más y hacerse más exigentes y acompasadas a tus verdaderas fortalezas. Esto no significa que deban crecer de manera inmediata, ya que el proceso de mejorar la autoeficacia lleva su tiempo. Lo que necesitas es persistencia.

No dejes que el miedo y la inseguridad decidan por ti: si no hay retos, la resignación estará manejando tu vida. Haz una lista de las cosas que dejas de hacer por puro miedo y pregúntate cuántos de tus sueños y aspiraciones reflejan lo que realmente desearías hacer y cuántos se han adaptado a tu minusvalía psicológica. Cuestiónate cuánta resignación hay en ti. ¿Tus metas actuales muestran confianza o desconfianza en ti mismo? Tienes el derecho a esperar más de ti y de la vida.

7. Ponte a prueba y arriésgate

Los puntos anteriores son condiciones necesarias pero no suficientes para ser una persona con una buena autoeficacia. Es fundamental que te animes a dar el paso decisivo: *actuar* para lograr tus objetivos. Y la única forma de confiar en ti mismo es ponerte a prueba. Cuando decidas enfrentar tus miedos e inseguridades, los seis pasos anteriores te ayudarán a no distorsionar la realidad a favor del automenosprecio. Si lo intentas racionalmente (esto es, sin flagelarte en el intento) obtendrás *datos* sobre tus capacidades reales y podrás averiguar si las anticipaciones de fracaso que hacías eran verdaderas o falsas. La filosofía de "Más vale pájaro en mano que ciento volando" no te lleva a ninguna parte; es el pasaje al conformismo y al estancamiento. ¿Qué podrías perder al intentar nuevos retos? ¿Fracasar una vez más? No olvides lo que dijimos antes: nadie aprende por ensayo y éxito, sino por ensayo y error.

Un plan que podrías proponerte es el siguiente:

- *Define un objetivo que exija esfuerzo*. El objetivo debe ser racional o con probabilidades razonables de éxito. Ten presente que el "estilo de superhéroe" también lleva al fracaso adaptativo en el mundo real.
- *Define tus expectativas de manera objetiva, clara y precisa*, para

que puedas después compararlas con los resultados obtenidos. Al explicitar estas anticipaciones, sé lo más sincero posible. Anótalas.

- Antes y durante la ejecución en sí del comportamiento, *no utilices verbalizaciones negativas o inhibitorias*; no te digas a ti mismo: "No soy capaz", "Nada puede hacerse", "Siempre seré un fracasado", etcétera.

- *Maneja un punto de control interno.* Retoma aquellos momentos de tu vida en los que has mostrado tu estirpe de luchador.

- *Ponte a prueba.* Sin convertirte en irresponsable ni que la conducta sea peligrosa para ti o para nadie, ensaya lo que temes.

- Durante el enfrentamiento, *no evites y persiste el mayor tiempo que puedas ante los obstáculos.* Soporta al máximo la adrenalina; es verdad que incomoda, pero sólo es una sustancia química que luego es absorbida por el organismo. Recuerda, las sensaciones pasan y no pueden dañarte.

- *Compara los resultados con las anticipaciones que habías escrito antes.* Analiza las discrepancias entre tus predicciones y la realidad; es decir, cuáles profecías se cumplieron y cuáles no. Intenta descubrir si tus anticipaciones estuvieron guiadas por el fatalismo o el pesimismo.

- Si fue así, *inténtalo de nuevo.* Que tu próximo comportamiento hacia la meta no esté impregnado de anticipaciones catastróficas. Simplemente intenta ser más realista en tus predicciones.

- Cuando te sientas cómodo y seguro en tus intentos, *pasa a una meta mayor.* A medida que subas en los niveles de la autoexigencia personal (sin lastimarte a ti mismo y exigirte de más), la autoeficacia y la confianza en ti mismo se fortalecerán. Podrás vencer al cuarto jinete.

A MANERA DE EPÍLOGO

Si has llegado a esta parte del libro, debo suponer que has leído seriamente todo lo anterior. Posiblemente ya tienes algunas conclusiones sobre el amor que te profesas a ti mismo y qué hacer al respecto. Quizá pudiste descubrir que no te amabas tanto o que no lo hacías de un modo contundente, o puedes haber llegado a la convicción de que siempre te has querido lo suficiente y que estas páginas no agregan nada sustancioso a lo que ya sabías. También te puede haber parecido este libro un buen recordatorio de cosas que se nos olvidan por estar pensando en otros más que en nosotros mismos. De todas formas, los caminos para llegar al autoamor son incontables, y tú decides finalmente por cuál debes transitar, cuál te agrada y cuál no.

Lo que jamás debes perder es la capacidad de búsqueda y de cuestionamiento. Muchas veces tememos crear nuevas metas porque ellas generan nuevos problemas e interrogantes. Así, preferimos reprimir infinidad de sentimientos que nos acercarían a nuevas perspectivas de vida, a nuevas sensaciones y descubrimientos, por estar más cómodos y aferrarnos a lo que ya conocemos, aunque estas cosas nos amarguen la vida. En cierto sentido hacemos como aquellos testarudos sacerdotes que se negaban a mirar por el catalejo de Galileo Galilei para no ver minada su creencia de que la Tierra era el centro del universo; les fue más fácil someter al genio que revisar sus propias creencias.

Si decides sacar la cabeza del hoyo, habrá incomodidades y sinsabores. Habrá confusión y dudas. Descubrirás nuevas contradicciones que no estaban previstas por la educación tradicional que recibiste, y deberás convertirte en autodidacta (aprender por ensayo y error), simplemente porque carecemos de reglas claras y transparentes que nos ayuden a descifrar el mundo interior. No hay verdades absolutas, sino propuestas que deben ser ensayadas; y lo que es bueno para alguien es malo para otro, y viceversa. Las palabras de Tagore que cité al principio de este libro ubican claramente el problema: nos debatimos entre la universalidad (lo que compartimos con todo el cosmos) y nuestra pequeña gran individualidad, que nos hace distintos y únicos. Quizá los impresionantes cambios sociopolíticos recientes en el mundo no sean más que el intento de rescatar el polo olvidado del individualismo sano sin dejar de pertenecer a nuestras respectivas "tribus".

Hacerte cargo de ti mismo es la mayor de las responsabilidades. Es comprensible que semejante tarea nos ponga a tambalear, no sólo por la importancia que ello implica, sino además porque carecemos de las herramientas. Ninguna agencia de socialización ha considerado seriamente la posibilidad de enseñar a quererse a uno mismo como uno de los principales objetivos de formación pedagógica (posiblemente porque no seríamos tan manejables y escaparíamos de la *Matrix* en la que estamos). Tomar plena conciencia de que existes en uso de tus facultades, de que eres importante y tienes el derecho a quererte, te coloca en un lugar de privilegio, pero al mismo tiempo te produce nuevas angustias y una gran responsabilidad. La lucidez tiene un precio: "Sé lo que debo hacer, pero no siempre sé cómo hacerlo".

Si la lectura de este libro te ha generado algo de confusión, me alegro de que haya sido así. El espíritu de los cambios importantes está en la duda y en la contradicción subyacente. Una duda progresista y no retardataria, que es la que te lleva a repasar tus concepciones, ya sea para afirmarlas o modificarlas, y mientras vacilas y fluctúas, se reafirma tu condición de ser vivo.

Si esperabas encontrar verdades categóricas y definitivas, que produjeran alivio y tranquilidad, siento haberte defraudado. Quererse a uno mismo, enamorarse de su propio ser, es una tarea ardua. Implica navegar contra la corriente de la masificación y la intolerancia sociocultural. Recuerdo unas palabras de Georges Brassens que reflejan lo que quiero expresar: "A la gente le sienta mal que haya un camino personal". No existe LA SOLUCIÓN, sólo tendencias. Como un péndulo que nunca se detiene, podemos apaciguar o acelerar su ritmo, pero jamás seremos capaces de que se detenga en un punto exacto. Las orientaciones para fortalecer el amor propio no siempre son claras, definidas y fijas; sin embargo, es posible hallar directrices, vectores para la acción. Ser avaro es nocivo para tu salud mental, entonces *ahorra menos*. Funcionar la mayor parte del tiempo con un punto de control externo no es recomendable, entonces *inclínate más* hacia un punto de control interno. La modestia excesiva es perjudicial, entonces *sé menos modesto*. Para amarte a ti mismo debes inclinar la balanza en busca de un equilibrio saludable. Básicamente, la propuesta es: *desplázate en el sentido contrario del que marcan muchas convenciones, sin caer en el otro extremo.* Ése es el reto: hallar tu dimensión personal y las distancias adecuadas para quererte cómodamente, sin sobresaltos ni culpas. Pese a todo, el solo intento será saludable: habrás creado la maravillosa experiencia de quererte a ti mismo, de enamorarte de ti.

Bibliografía

André, C. (2006). *Prácticas de la autoestima*. Buenos Aires: Kairós.

Assor, A., Vansteenkiste, M., y Kaplan, A. (2009). Identified versus introjected approach and introjected avoidance motivations in school and in sports: The limited benefits of self-worth strivings. *Journal of Educational Psychology, 101,* 482-497.

Battle, J. (1982). *Enhancing self-esteem and achievement: A handbook for professionals.* Seattle, WA: Special Child Publications.

Brown, J. D., y Gallagher, F. M. (1992). Coming to terms with failure: Private self-enhancement and public self-effacement. *Journal of Experimental Social Psychology, 28,* 3-22.

Chen, H., y Jackson, T. (2009). Predictors of changes in weight esteem among mainland Chinese adolescents: A longitudinal analysis. *Developmental Psychology, 45,* 1618-1629.

Dunkley, D. M., Zuroff, D. C. y Blankstein, K. R. (2003). Self-critical perfectionism and daily affect: Dispositional and situational influences on stress and coping. *Journal of Personality and Social Psychology, 84,* 234-252.

Ehrlinger, J., y Dunning, D. (2003). How chronic self-views influence (and potentially mislead) estimates of performance. *Journal of Personality and Social Psychology, 84,* 5-17.

Ferris, D. L., Brown, D. J., Lian, H., y Keeping, L. M. (2009). When does self-esteem relate to deviant behavior? The role of contingencies of self-worth. *The Journal of Applied Psychology, 94,* 1345-1353.

Gentile, B., Grabe, S., Dolan-Pascoe, B., Twenge, J. M., Wells, B. E., y Maitino, A. (2009). Gender differences in domain-specific self-esteem: A meta-analysis. *Review of General Psychology, 13,* 34-45.

Grant, H., y Dweck, C. S. (2003). Clarifying achievement goals and their impact. *Journal of Personality and Social Psychology, 85,* 541-553.

Grzegorek, J. L., Slaney, R. B., Franze, S., y Rice, K. G. (2004). Self-criticism, dependency, self-esteem, and grade point average satisfaction among clusters of perfectionists and nonperfectionists. *Journal of Counseling Psychology, 51,* 192-200.

Horberg, E. J., y Chen, S. (2010). Significant others and contingencies of self-worth: Activation and consequences of relationship-specific contingencies of self-worth. *Journal of Personality and Social Psychology, 98,* 77-91.

Maddux, J. E. (2002). Self-efficacy. En C. R. Zinder y S. J. López (Eds.), *Handbook of positive psychology.* Oxford: University Press.

Meltzer, A. L. y McNulty, J. K. (2010). Body imagine and marital satisfaction: Evidence for the mediating role of sexual frequency and sexual satisfaction. *Journal of Family Psychology*, *24*, 156-164.

Mruk, C. (1998). *Autoestima. Investigación, teoría y práctica*. Bilbao: Desclée de Brouwer.

Myers, D. G. (2004). *Exploraciones de la psicología social*. Madrid: McGraw-Hill.

Nystul, M. S., y Grade, M. (1979). The self-concepts of regular transcendental meditators, dropout meditators, and nonmeditators. *The Journal of Psychology*, *103*, 15-18.

Orth, U., Robins, R. W., Trzesniewski, K. H., Maes, J., y Schmitt, M. (2009). Low self-esteem is a risk factor for depressive symptoms from young adulthood to old age. *Journal of Abnormal Psychology*, *118*, 472-478.

Orth, U., Robins, R. W., y Meier, L. L. (2009). Disentangling the effects of low self-esteem and stressful events on depression: Findings from three longitudinal studies. *Journal of Personality and Social Psychology*, *97*, 307-321.

Orth, U., Trzesniewski, K. H., y Robins, R. W. (2010). Self-esteem development from young adulthood to old age: A cohort-sequential longitudinal study. *Journal of Personality and Social Psychology*, *98*, 645-658.

Paradise, A. W., y Kernis, M. H. (2002). Self-esteem and psychological well-being: Implications of fragile self-esteem. *Journal of Social and Clinical Psychology*, *21*, 345-361.

Park, C. L., Cohen, L. H., y Murch, R. L. (1996). Assessment and prediction of stress-related growth. *Journal of Personality*, *64*, 71-105.

Pasini, W. (2001). *L'autoestima*. Milán: Mondadori.

Plummer, J. T. (1984). How personality makes a difference. *Journal of Advertising Research*, *24*, 27-31.

Ralph, J. A. y Mineka, S. (1998). Attributional style and self-esteem: The prediction of emotional distress following a midterm exam. *Journal of Abnormal Psychology*, *1998*, 203-215.

Rotter, J. B. (1966). Generalized expectancies for internal versus external control of reinforcement. *Psychological Monographs*, *80*, 1-28.

Rowatt, W. C., Powers, C., Targhetta, V., Comer, J., Kennedy, S. y LaBouff, J. P. (2006). Development and initial validation of an implicit measure of humility relative to arrogance. *Journal of Positive Psychology*, *1*, 198-211.

Savater, F. (1988). *Ética como amor propio*. Barcelona: Grijalbo.

Seligman, M. E. P. (1981). *Indefensión*. Barcelona: Debate.

Shaffer, D. R. (2000). *Desarrollo social y de la personalidad*. Madrid: Thomson.

Stapel, D. A., y Blanton, H. (2004). From seeing to being: Subliminal social comparisons affect implicit and explicit self-evaluations. *Journal of Personality and Social Psychology*, 87, 468-481.

Tafarodi, R. W., y Vu, C. (1997). Two dimensional self-esteem and reactions to success and failure. *Personality and Social Psychology Bulletin*, 23, 626-635.

Esta obra se imprimió y encuadernó
en el mes de junio de 2012
en los talleres de Litográfica Ingramex, S.A. de C.V.,
que se localizan en la calle Centeno 162-1,
colonia Granjas Esmeralda, México, D.F.